AF453661

REGLEMENT

DE L'ESTAT

DE LA SAYETERIE

DE LA VILLE ET CITE' D'AMIENS,
ORDONNE' ET ARRESTE' PAR MONSIEVR
le Bailly d'Amiens, ou son Lieutenant, suiuant
l'Arrest de la Cour de Parlement par
forme de prouision.

Et autres faits & arrestez iusques en l'an 1640.

A AMIENS,

Par ROBERT HVBAVLT, Imprimeur & Libraire
prez l'Eglise de S. Martin.

1641.

REGLEMENT DE L'ESTAT DE LA

Sayeterie en la Ville & Cité d'Amiens, ordonné & arresté par
Monsieur le Bailly d'Amiens, ou son Lieutenant suiuant l'Arrest de la Cour de Parlement par forme de prouision.

Premierement quant au faict de la Laine en l'estat
& charge des Houppiers.

I.

A Esté aduisé, que nul ne sera receu à la Maistrise dudit
mestier de Houppier, que premierement il n'ait esté
apprentif souz vn Maistre en la ville d'Amiens, ou en
autre ville de Loy, par le temps & espace d'vn an entier,
& qu'il le face ainsi certifier deuëment.

2.

Item, que lesdits apprentissages faits, s'il veut estre receu à Maistre
il sera tenu faire chef-d'œuure en la maison de l'vn des six Esgards
dudit mestier : lequel chef-d'œuure sera tel, que de tirer, sortir, &
épareiller, battre, peigner & lauer trois poids de houppe.

3

Item, que ledit chef-d'œuure fait, il sera visité par lesdits six
Esgards, & quatre autre personnes qui seront anciens Maistres
ouuriers d'iceluy mestier ; puis sera porté en l'Hostel commun
d'icelle Ville, & là presenté pardeuant lesdits Maieur, Preuost &
Escheuins par iceux Visiteurs, qui lors feront rapport de la bonté
ou deffection d'iceluy chef-d'œuure. Et s'il est trouué bon & suffi-
sant, l'ouurier qui l'aura fait sera receu a Maistre en iceluy mestier
en affermant qu'il le ait fait en tous ses puincts, & auec ce fera
serment de garder & obseruer les briefs & ordônances dudit métier

4.

Item, & là où il seroit trouué deffectif, l'ouurier sera renuoyé pour
continuer le mestier souz son Maistre, iusques à ce qu'il soit bon
ouurier, & qu'il ayt fait vn bon chef-d'œuure.

5.

Item, & pour tous droicts & salaires quelsconques de la reception
dudit nouueau maistre, il payera les droicts accoustumez aux Egardz

pour leurs trois viſitations : dont la premiere eſt comment ledit apprentif aura choiſi & ſorty la laine : la ſeconde eſt comment il ſera
conduit a lauer ladite laine, & la troiſieſme ſera a la viſitation dudiĉt
chef-d'œuure, & ſi payera les droits accouſtumez aux quatre anciens
Maiſtres ouuriers pour leur ſeule viſitation qui eſt ſur ledit chef
d'œuure , auec huit ſols pour les droicts accouſtumez payer à ladite
ville, ſans que pour raiſon de ladite maiſtriſe, ledit nouueau Maiſtre
ſoit tenu ſouſtenir aucune deſpenſe , par don volontaire, ou autrement, ne payer autre choſe que deſſus , ſur peine d'amende arbitraire , en quoy luy & ceux qui en ſeroient occaſion écherroient enuers
ladite Ville, & dont les accuſateurs auroient vn quart.

6.

Item, que les enfans des Maiſtres d'iceluy meſtier ne ſeront ſubiets
au temps dudit apprentiſage : mais quand ils voudront eſtre receuz
à Maiſtres en iceluy meſtier, ils ſeront tenus faire chef-d'œuure pour
ſçauoir s'ils ſont ouuriers ou non, & ſi ledit chef-d'œuure eſt trouué
bon, ledit enfant ſera receu à Maiſtre, & ne payera rien auſdits Egards
& anciens Maiſtres , mais ſeulement quatre ſols pour les droicts de
ladite Ville.

7.

Item, que chacun maiſtre dudit meſtier ne pourra auoir apprentif
que vn ſeul pour ſeruir ſon an., lequel apprentif ſera amené par ſon
Maiſtre en l'Hoſtel commun de ladite Ville , & là ſe fera enregiſtrer
pour deſlors entrer au ſeruice dudit maiſtre, & feront ſerment, aſſauoir ledit Maiſtre de bien monſtrer , & enſeigner bien deuëment
audit apprentif le meſtier, & ledit apprentif de bien & loyaument
ſeruir ſondit maiſtre, & lors payera ledit apprentif les droicts accouſtumez.

8.

Item, que ſi aucun ouurier venant de dehors veut trauailler à iour-
née, ou comme ſeruiteur, ſous l'vn des maiſtres dudit meſtier, iceluy
maiſtre ne le pourra tenir plus de huiĉt iours à ſon ſeruice qu'il ne le
declare auſdits Egards , pour cognoiſtre par eux ſi ledit perſonnage
eſt ouurier, & s'il y eſt plus de huit iours , en ce cas payera auſdits
Egards pour viſitation de ſon œuure deux ſols pour leur ſalaire,
dont le maiſtre qui le mettra en œuure ſera reſponſable.

9.

Item, que les maiſtres ouuriers dudit eſtat de houppier vſeront de
bonnes laines qu'on appelle mere laine , & ne vſeront point de laine

de Rinch, pellures, ne laine de gras moutons, par ce que telles efpeces de laine fe mangent de vers & empirent les bonnes & ce fur peine de confifcation de l'ouurage , & de foixante fols parifis d'amende
à appliquer les quarante fols à ladite Ville , & les vingt fols aux
Egards & accufateurs.

10.

Item, & mefmes ne pourront lefdits Egards maiftres & ouuriers
houppiers acheter ou faire acheter , ny tenir en leurs maifons & ailleurs lefdites pellures ny laines de Rinch ou de gras moutons, fur
pareille amende & appliquer comme deffus.

11.

Pareillement ne pourront les tifferans houppiers tenir en leurs
maifons ne ailleurs pellures ne laines de Rinch, ou de moutons gras
durant le temps qu'ils feront audit eftat de houppier, fur peine de
priuation dudit eftat.

12.

Item, ne pourront encores iceux maiftres ouuriers houppiers auec
leurdit meftier peigner pour qui que ce foit icelles laines de Rinch,
de gras moutons ou pellures, & ce fur peine de foixante fols parifis, à
appliquer les quarante fols a ladite Ville , & les vingt aux Egards ou
accufateurs.

13.

Item, les maiftres & ouuriers houppiers laueront ou feront lauer
leurs houppes & laines en leffiue claire , ou en fuif auec fauon noir,
& les recincher & lauer en eau pure, claire & nette.

14.

Partant ne pourront les dits houppiers lauer ou faire lauer leurfdites laines en foulphre, cendres ferrees, cendre de buffet, favon blanc,
eau falee , ny autre chose que ce foit , & les recincher , ou faire recincher autrement qu'en eau claire , comme dit eft, & ce fur peine
en chacun defdits cas de fufpenfion de leurdit meftier & d'amende
telle que de foixante fols parifis à appliquer les deux tiers à ladite
Ville, & l'autre tiers aux Egards, ou autres accusateurs.

15.

Leur eft enioint de bien lauer & degreffer les dites houppes, & ne
trauailler ailleurs qu'en leurs ouuroirs, cours & lieux patens lefquels
feront tenus laiffer ouuerts pendant le temps qu'ils les laueront
afin que les Efgards y puiffent franchement entrer, & ce fur peine

d'amende en chacun defdits cas de vingt fols parifis en quoy l'ouurier efcherra pour chacun fois que fera fait au contraire, à appliquer moitié à ladite Ville, & l'autre moitié aux Egards, ou accufateurs, & fi leur eft deffendu de pendre leur laine aprés foleil couchât.

16.

Que toutes les houppes faictes & accouftrèes en ladite Ville feront vifitees par les Egards, auparauant que en pouuoir faire vente
en gros, fur peine de trente fols parifis, en quoy le vendeur efcherra
pour chacune fois qu'il aura vendu, fans auoir fouffert ladite vifitation, à appliquer vingt fols a ladite Ville, & les dix fols aux Egards
ou accufateurs.

17.

Item s'il eft trouué que aucunes houppes fuffent graffeufes, qui eft
quand aucuns poils blancs fe trouuent meflez auec la laine, ou me-
lees de laine caine, que l'on dit caine, en ce cas feront rompuës & caf-
fees, & fi efcherra l'ouurier à dix fols parifis d'amende, a appliquer
moitié a ladite Ville, & l'autre moitié aux Egards ou accufateurs.

18.

Item, & auffi fi aucunes houppes font trouuees en icelle Ville mal
peignees, brulées, fourrées, ou mal ouurées, elles feront pareillemët
rompuës & caffées comme defectiues & vicieufes & fi l'ouurier eft
maiftre de ladite Ville il efcherra pour chacune fois en amende de
vingt quatre fols parifis, a appliquer les deux tiers à la dite Ville, &
l'autre tiers aufdits Egards, ou accufateurs, & fi fera la houppe racou-
trée a fes defpens.

19.

Et afin qu'il ne foit rien vendu a cachette & en lieu particulier, il
eft deffendu a tous marchands eftrangers de décharger, ou faire décharger leurs houppes en icelle Ville ailleurs que ès halles, lieu public, & adecque pour faire vente & vifitation de telle marchandife
amenée par l'eftranger, & ce fur peine de vingt fols parifis d'amëde,
en quoy efcherra ledit marchand eftranger, à appliquer moitié a ladite Ville, & l'autre moitié aufdits Egards, ou accufateurs.

20.

Item, & ne pourront les marchands eftrangers vendre aux habitans
ne lefdits habitans & toutes perfonnes acheter houppes ailleurs que
efdites halles ou au marché, mefmement aller au deuant defdits
marchands forains, fur peine de vingt fols parifis d'amende, en quoy

lé contreuenant aufdites deffences efcherra pour chacune fois , à
appliquer a ladite ville la moitié , & l'autre moitié aux Egards , ou
accufateurs.

21.

Item, pourront lefdits Egards dudit meftier aller faire leurs vifitations parmy la ville d'heure en heure par chacun iour de la femaine
hors les iours feriaux.

22.

Item, mais la vifitation en halle ne fe fera en chacun iour, mais
feulémét és iours de marché & heures declarées cy apres: affauoir és
iours de Ieudy Védredy,&Samedy,depuis le iour de Pafques iufques
au iour S. Remy huit heures du matin iufques a douze heures: depuis
deux heures de releuées du mefme iour iufques a fix heures du foir,&
depuis ledit iour de S. Remy iufques audit iour de Pafques, la vente
& marché d'icelle houppe fe commencera a neuf heures du matin &
durera iufques a douze heures , & apres midy depuis deux heures
iufques a quatre heures.

23.

Item, que aufdites heures & lieu de halle & de marché, lefdits
Egards feront tenus comparoir, ou du moins les trois d'entre eux de
chacun eftat,vn afin de faire ladite vifitation & de dépecher les marchands, furpeine d'eftre priuez par les defaillans du falaire & profit
d'icelles vifitations pour le iour, & de dix fols parifis d'amende, a
applique moitié a ladite ville, & l'autre moitié a l'accufateur pour la
premiere fois, & pour la feconde fois fur peine d'amende arbitraire
enuers ladite ville, dont l'accufateur aura vn quart.

24.

Item, parauant ne depuis lefdites heures ne poutra le hallier ne
autre perfonne pefer houppe en icelle halle, fur peine de dix fols parifis d'amende, a appliquer moitié a ladite ville , & l'autre moitié
aux Egards ou accufateurs.

25.

Item pource que les marchands demeurans en la iurifdiction
defdits Maieur, Preuoft & Efcheuins,ayans leurs houppes vifitées &
efgardées portent icelles houppes au marché de ladite ville pour en
faire vente: ce qui n'eft pas ainfi fait par ceux qui demeurent en icelle
ville en autre iurifdiction,ne auffi par eftrangers , lefquels prefentent
& iettent en vente en iceluy marché leurs houppes non ayans efté

A iiij

vifitées ny égardées, & fe meflent parmy les autres houppes de ladite ville, en quoy les acheteurs peuuent eftre deceus. Il a efté aduifé
que les houppiers demeurans en icelle ville en autre iurifdiction que
celle defdicts Maieur, Preuoft & Efcheuins, & pareillement lefdits
eftrangers ne pourront ietter en vente lefdits houppes que premierement ellesn'ayent efté vifitées & égardèes en iceluy marché par
lefdicts Egardz, fur peine de vingt fols parifis d'amende à appliquer
moitié à ladicte ville & l'autre moitié aux Egardz ou accufateurs.

26.

Et afin qu'ils ne fe puiffent excufer de ladicte vifitation, Il feront
tenuz de mettre & eftaller leurs houppes en lieu feparé prés & ioignant icelluy marchand : c'eft affauoir en la ruë de Mès, du cofté du
beffroy & non ailleurs : afin qu'on puiffe auoir cognoiffance d'eux
& de leur marchandife. Et leur eft enioint de tenir cét auis fur peine
de dix fols parifis d'amende pour chacune fois qu'ils feront le
contraire, à appliquer moitié en ladite Ville, & l'autre moitié aux
Efgards, ou accufateurs, & auec ce feront contraints à eux tranfporter eux & leurs houppes au lieu a eux adecque cy deffus.

27.

Item, eft enioint aufdits Efgards de eux tranfporter audit marché
voir & vifiter les houppes defdits forains, auparauant l'heure dudit
marché, afin que lefdits forains puiffent faire vente comme les
autres à l'heure dudit marché venuë. Et en faute de ce lefdits
Efgards defaillans efcherront en amende de foixante fols parifis
pour la premiere fois, à appliquer les deux tiers à ladite Ville, &
l'autre tiers à l'accufateur : pour la feconde fois de fufpenfion : &
pour la troifiéme fois de priuation de leurs offices & eftats.

28

Et pour le bien & entretenement, police & reglement dudict eftat
& meftier de houppier, & l'autre du meftier de tifferant, & le fixief-
me du meftier de pareur de draps, & pour le faict de leurdicte Efgar-
die auront le falaire accouftumé.

29.

Item, & pour euiter aux exactions qu'ils pourroient commettre, il
leur eft deffendu de prendre ne receuoir autres droicts, que les accouftumez d'ancienneté, & d'auantage de ne prendre ne receuoir
quelque part ou portion d'amendes fur les delinquans, ou contreue-
uans aux poincts & articles deffufdicts, que premierement leur

ſoit ne ſoit adiugé par leſdits Maïeur, Preuoſt & Eſcheuins, &
baillez par roolle, ſur peine de priuation de leurs offices, auec amende arbitraire, à appliquer moitié à ladicte ville, & l'autre moitié à
l'accuſateur.

30.

Item, leſdits Eſgards & chacun d'eux ſeront tenus d'auoir vn double deſdits articles pour les garder de leur part, & les faire garder à
leur pouuoir à vn chacun.

31

Item tellement que ſi eux meſmes ſont attaints de compoſition,
concuſſion ou autre faute ou abus notable, ils ſeront priuez de leurſ-
dits offices, & multez d'amende, à appliquer à la fortification de
ladite ville, dont l'accuſateur aura vn tiers.

POVR LE REGARD DES FILEZ.

32

EST aduiſé, que le filé ſe vendera au marché & lieu accouſtumé, derriere le Beffroy, & non en maiſon particuliere, ho-
ſtelerie, tauerne, ny autre lieu que ce ſoit en ladite ville, fauxbourgs,
& banlieuë, ſur peine de confiſcation dudit fil, & de trente ſols
pariſis d'amende, enquoy eſcherront le vendeur & achepteur &
chacun d'eux, à appliquer les deux tiers à ladite ville, & l'autre
tiers, aux Eſgards ou accuſateurs.

33

Item que ladite vente de fil ſe commencera en iceluy marché les
matinees des iours de Vendredy & Samedy de chacune ſemaine,
depuis Paſques iuſques à la S. Remy, à heure de huit heures du matin,
& depuis la S. Remy iuſques aux Paſques à heure de neuf heures.

34

Item, & ſi l'vn deſdits iours eſcheoit feſte de noſtre Dame
d'Apoſtre, ou de S. Fremin, ou autre feſte ſolemnelle, le marché ſe
fera la veille de ladite feſte.

35

Item, nul ne pourra acheter dudit fil, s'il n'eſt maiſtre, ou
maiſtreſſe, receu & paſſé audit meſtier de Sayeteur reſidant &
demeurant en ladite Ville, ſur peine de ſoixante ſols pariſis d'a-
mende, à appliquer les deux tiers à ladite Ville, & l'autre tiers aux

Egards, ou accufateurs. Mefmement lefdits maiftres & maiftreffes,
ny autres ne pourront acheter ledit fil pour le reuendre & regrater,
fur pareille amende à appliquer comme deffus.

36

Item eft deffendu à tous houppiers de vendre ny acheter filé par
eux, ne par perfonnes interpofees, fur peine de confifcation dudit
filé & de foixante fols parifis d'amende à appliquer, les deux tiers
à ladicte Ville, & l'autre tiers à l'accufateur.

37

Item eft encores deffendu aux marchans forains de mettre leur
fil en lieu fecret & à cachette, & aux fayeteurs de eux y transporter
ne de communiquer, ou faire communiquer auec ledict marchand
forain, fur peine de quarante fols parifis d'amende, à appliquer les
deux tiers à ladite Ville, & l'autre tiers aux Egards, ou accufateurs.

38

Item, & fur pareille amende, eft femblablement deffendu aux
houppiers, hofteliers, merciers, & à toutes autres perfonnes de
fouffrir vendre fil, ne de pefer fil en leurs maifons.

39

Item, eft auffi à tous deffendu de mettre en vente aucune botte
de filé plus grande que de trois poids, fur peine de fix fols parifis
d'amende, à appliquer moitié à ladite Ville, & l'autre moitié aux
Egards, ou accufateurs.

40

Item, eft encore deffendu à tous, de mettre en vente aucun filé,
que le filé ne foit fuiuable, & raifonnablement afforty, & non mélé
de diuerfes fortes & groffeurs de filé, fur peine d'eftre coupé & mis
en pieces, & de dix fols parifis d'amende, à appliquer moitié à ladite
Ville, & l'autre moitié aux Egards, ou accufateurs.

41

Item, eft ordonné que les pieulles & liens defdites bottes feront
de pareil fil que celuy de ladite botte, à peine de deux fols parifis
d'amende à appliquer aux Egards ou accufateurs.

42

Item, & fi aucun filé eft trouué frecq & moite, pour frauder le
poids, il fera bruflé en plain marché, ainfi qu'il eft de couftume faire
& fi fera le vendeur amendable de fix fols parifis à appliquer moitié
à ladicte Ville, & l'autre moitié aux Egardz ou accufateurs.

Et ann que les choses deisusdictes aduisées soient entretenuës &
obseruées, il est enioint aux Egardz de assister & estre presens aus-
dicts iours & heures de marché continuellement, pour voir les fautes
& abus si aucun y en a, & en faute de eux y trouuer & faire leur deuoir, les deffaillans Egardz escherront pour la premiere fois en
amende de vingt sols parisis, pour la seconde fois pour soixante sols
parisis, & pour la troisiesme de suspension a appliquer lesdictes
amendes pour les deux tiers a ladicte Ville & l'autre tiers a l'accusateur.

Et est aduisé pour le bien & entretenement, police & reglement
dudict filé que les Egardz seront entretenuz au nombre de deux,
aux salaires & par la maniere accoustumée.

POVR LE REGARD DES PESEVRS
DVDICT FIL.

EST aduisé que lesdictz peseurs auront & seront tenuz auoir és
logettes a eux destinées, chacun vne balance auec toute maniere
de poids de cuiure, le tout iustifié & merqué des armoiries d'icelle
Ville.

Item & de assister en leurs personnes aux iours & heure de marché
pour peser les filez en lesdites logettes, sur peine d'estre priuez du
profit & emolument de leur estat pour le iour de dix sols parisis d'a-
mende, a appliquer moitié a ladicte Ville, & l'autre moitié aux
Egardz ou accusateurs.

Item & ne pourront aucuns autres que eux peser fil en ladicte
Ville pour vendre ou achepter, sur peine d'amende de trente sols
parisis, a appliquer les deux tiers a ladicte Ville, & l'autre tiers
ausdits peseurs ou accusateurs.

Item que lesdictz peseurs ne pourront prendre, auoir ne perceuoir
pour chacun poids de fil plus grand droict que d'vne maille, qu'est

eſt deuë pour lediᵈ poids, mais s'il y en a plus d'vn poids, audiᵈ cas
ils auront vn denier.

49.

Item ne pourront peſer plus de trois poids à chacune fois, ſur peine
de dix ſols pariſis d'amende, enquoy ils écherront pour chacune
fois, a appliquer moitié a ladite Ville, & l'autre moitié aux Eſgards
ou acculateurs.

50.

Item & s'il eſtoit trouué que les peſeurs feiſſent faute, fraude &
deception en leurs poids, ils ſeront punis par leſdiᶜᵗs Maieur, Preuoſt,
& Eſcheuins d'amende arbitraire, confiſcation deſdiᶜᵗs eſtats ou
autrement, ainſi que le cas le requerra.

51.

Item & eſt aduiſé pour le bien, police, reglement & entretenement dudiᶜᵗ peſage, que les peſeurs ſeront entretenuz au nombre
qu'ils ont ja inſtituez. C'eſt à ſcauoir au nombre de douze, aux
ſalaires, & par la maniere accouſtumee.

QVANT A LA MANVFACTVRE DES
SAYES, SATINS, ET AVTRES ESPECES
de ſayeterie.

EST aduiſé que nul maiſtre ou maiſtreſſe dudit meſtier pourra
auoir plus d'vn apprentif, lequel il ſera regiſtrer par nom &
ſurnom & ſouz ſa charge au Greffe de ladite Ville, pour en eſtre
ſeruy par trois ans, qui eſt le temps prefigé, & auquel ledit apprentif eſt tenu à commencer du iour qu'il aura eſté enregiſtré.

53.

Item, que pour eſtre admis audit apprentiſſage ſera tenu ledit
apprentif de payer les droiᶜᵗs accouſtumez, c'eſt a ſcauoir quinze
ſols pour vne fois, les dix ſols au profit de ladite Ville, & cinq ſols
aux Egards en blanc, qui ſeront ceux qui d'oreſnauant feront la preſentation dudit apprentif pardeuant les Maieur, Preuoſt & Eſcheuins
Leſquels prendront le ſerment tant du maiſtre que de l'apprentif en
tel cas requis: c'eſt aſſauoir au maiſtre de bien inſtruire, monſtrer &
enſeigner, & l'apprenty de bien ſeruir lediᶜᵗ temps.

54.

Item que vn maiſtre audiᶜᵗ meſtier pourra apprendre ſondiᶜᵗ me-

ftier a fes enfans, faifans mettre & enregiftrer leurs noms fufdicts,
pour des lors enttrer audict eftat d'apprenty, fans pour ce payer aucuns droicts a ladicte ville, ny aux Egards : & neantmoins auec fefdits enfans pourra encores auoir vn apprenty eftranger.

55.

Item que nul maiftre ou maiftreffe pourra auoir apprenty en fa
maifon, s'il n'a pour le moins en fon ouuroir deux eftilles, l'vne pour
luy, & l'autre pour fon apprenty, fur peine d'amende arbitraire.

56.

Item ne pourra aucun apprenty auoir part & portion de gain ou
perte à l'ouurage de luy ou de fon maiftre fur l'amende de foixante
fols parifis pour chacune fois, en quoy chacun d'eux éfcherra, à appliquer les deux tiers à ladite ville, & l'autre tiers aux Egards ou accufateurs.

57.

Item eft neceffaire à vn chacun apprenty pour eftre receu à maiftrife, qu'il ait continuellement befogné fous fon maiftre l'efpace de
trois ans : & s'il aduenoit qu'il delaiffaft fon maiftre ou maiftreffe
par fix femaines, pourra ledict maiftre ou maiftreffe, affiftez d'vne
efgard en blanc, faire rayer au regiftre du greffe ledict apprenty, &
au lieu d'iceluy faire enregiftrer vn autre.

58.

Item; mais auffi en euenement que le maiftre dudict apprenty fe
abfentaft ou delaiffaft l'exercice de fon meftier, par femblable temps
de fix fepmaines, l'apprenty fe pourra faire décharger dudict maiftre,
& en recouurer vn autre pour acheuer le temps de fondict apprentiffage, & fi pourra contraindre fondict maiftre à luy reftituer l'argent
qu'il aura receu de luy.

59.

Item pour eftre admis par ledict apprenty en l'eftat de maiftre, il
fera tenu faire chef. d'œuure en la halle & lieu à ce pieça adecqué, lequel fera diligemment vifité par les fix Egardz en noir : & s'il eft
trouué bon, il fera prefenté auec les apprentifs au Maire, Preuoft &
Efcheuins, lequel fera receu à ladicte Maiftrife, faifant le ferment accouftumé. Puis fera fon nom enregiftré au greffe de ladicte ville, &
auffi fera enregiftré audict greffe la forme de fa marque, comme il
eft de couftume faire, pour fur icelle marque confronter en ce cas
de neceffité la marque qu'il eft tenu titre en fa piece d'œuure & recouurer fur luy l'intereft de la defection s'aucune y eft trouuée

& pour fa reception payera les droiɑs accouſtumez.

60.

Item pourront aſſiſter a ladiɑe viſitation & preſentation dudiɑ
chef d'œuure, leſ ſept hommes qui feront pour le iour de conſeil,
ſans pour ce toutesfois auoir ne prendre par eux aucun ſalaire.

61.

Item a eſté aduiſé que nulle piece de ſayeterie de quelque ſorte
qu'elle ſoit, ne ſera faiɑe, en ladiɑe ville par autre main que par la
main du maiſtre ou maiſtreſſe, ou de l'apprenty ou ouuriers ſoubs
eux, en icelle ville: tellement que ſi aucune piece eſtoit trouuee
auoir eſté faiɑe en ladiɑe ville par autre perſonne, icelle piece ſera
confiſquee au profit de ladiɑe ville, & ſi eſcherroit le ſayeteur en
amende de quarante ſols pariſis, à appliquer les deux tiers à ladiɑe
ville, & l'autre tiers aux Egards ou accuſateurs.

62.

Item, que toutes ſayes, ſatins & autres pieces de ſayeterie ſeront
faiɑes de filé ſuyuable & raiſonnablement aſſorty. Sur peine de
coupper lediɑ ouurage, le bon d'vn coſté, & le mauuais de l'autre,
où il y auroit faute notable.

63.

Item leſquelles pieces de ſayeterie ainſi couppees ſeront renduës
aux achepteurs, & demeureront en leurs charges pour les vendre en
detail, ou autrement faire leur profit: Sans toutefois les empaqueter & enuoyer hors ladite Ville auec l'autre marchandiſe non iuſti-
cée. Et neantmoins le Sayeteur ouurier eſcherra pour la premiere
fois en vingt ſols pariſis d'amende, à appliquer moitié à ladite Ville,
& l'autre moitié aux Egards en noir, ou accuſateurs: pour la ſeconde
fois d'amende arbitraire: & pour la tierce de ſuſpenſion de ſon
meſtier & ouurage.

64.

Item qu'en vn ouuroir n'y aura qu'vn ſeul maiſtre, ſuppoſé qu'il
y euſt en iceluy ouuroir pluſieurs eſtilles, ſur peine de vingt ſols
pariſis d'amende, a appliquer moitié a ladite Ville, & l'autre moitié
aux Egards ou accuſateurs.

65.

Item que nul ne pourra ouurer en icelle Ville en autres lieux qu'és
deuantures ſur ruë de leurs maiſons & demourances iuſqu'au troiſième eſtage d'icelle, ſur peine de dix ſols pariſis d'amende, a appliquer
auſdits Egards ou accuſateurs.

66.

Item nul ouurier ne pourra titre a lumiere de vefpre ou de matin, ne tenir craffet, huile, ou creffe autour de fon eftille, fur peine pour la premiere fois de vingt fols parifis d'amende, en quoy il efcherra en faifant le contraire, à appliquer les deux tiers a ladite Ville, & l'autre tiers aux Egards ou accufateurs : & pour la feconde fois de quarante fols parifis, à appliquer comme deffus, & pour la troifieme de fufpenfion de pouuoir tenir ouuroir par an & iour : luy entier d'aller ouurer, fi bon luy femble, en la maifon & fouz quelque autre maiftre d'iceluy meftier.

67.

Item eft deffendu a vn chacun maiftre, ou maiftreffe dudit meftier de fayterie aller ouurer ou befongner dudit meftier & eftat de fayterie és fauxbourgs de la Ville, ny hors des murs & fermeture d'icelle Ville, & l'apprentif de les fuiure en ladite befongne, fur peine de perdre les droicts de franchife de ladite Ville, & d'eftre rayez ou tranchez du liure où ils auront efté enregiftrez pour la maiftrife, & pour l'apprentiffage.

68.

Item, nul ouurier dudit eftat de Sayteurs pourra faire aucun autre meftier durant le temps qu'il s'entremettra d'ouurer de ladite fayterie, ains fera tenu de s'abftenir de l'vn ou de l'autre defdits meftiers, dont il fera declaration pardeuant lefdits Maieur, Preuoft & Efcheuins, autrement l'ouurage qui feroit trouuee parfaicte en fa maifon, ou eftre encore fur l'eftille, fera confifquee & appliquer, les deux tiers a ladite Ville, & l'autre tiers aufdits Egards, ou accufateurs.

69.

Item, nul maiftre, ne maiftreffe ne prendra ouurier venant d'vn autre ouuroir de cette Ville, pour befongner en fa maifon, que premierement il ne fçache fi le maiftre premier dudit ouurier fe tient content de luy, & s'il luy doit rien, fur l'amende de vingt fols parifis, a appliquer la moitié a ladite Ville, & l'autre moitié aux Egards ou accufateurs, a prendre fur ledict fecond maiftre qui aura receu en fon ouuroit ledict ouurier.

70.

Item nuls maiftres ouuriers eftrangers, ne pourront befongner en ladite Ville comme maiftres, finon qu'ils facent apparoir par let-

tres autentiques fouz qui ils auront apris ledid meſtier, & en quel
lieu ils ont faiđ leurs apprentiſſages, & s'ils ne l'oat apris en Ville
de loy leur ſera deffendu l'ouurer, ſur l'amende de vingt ſols pariſis,
enquoy le maiſtre ſayteur qui l'auroit receu en ſon ouuroir eſcher ra
à appliquer comme deſſus.

71.

Et par ce que les maiſtres Sayeteurs & apprentifs d'iceux ſont
ſouuent pluſieurs ſayes, ſarges, & autres eſpeces & ouurages de
ſayeterie, plus courtes & eſtroites, & moins loyalles qu'il n'appartient, leſquelles neantmoins ils vendent blanc au marchand, qui
pour lors ne ſçauroit auoir cognoiſſance de ladite imperfection,
mais ſeulement aprez que leſdits ouurages ſont teintes & portees à
la viſitation ſur halle, tellement que de l'intereſt qu'il y a il ne le
ſçait à qui prendre, aucunefois pour la multitude & diuerſitez des
marques des ouuriers, aucunefois par ce que à peu d'occaſion icelles
marques ſe changent & falſifient : Il eſt aduiſé que chacun maiſtre
Sayeteur auec la marque qu'il a accouſtumé titre en ſa piece d'œuure, aura vn fer, auquel ſera engraué ſon nom & ſurnom, & l'impri-
mera à l'vn des coſtez du plomb du ferreur en blanc, lequel plomb
ſera à deux pointes, ſur l'vne deſquelles pointes ledit ferreur impri-
mera la marque de la Ville.

72.

Et par ce que preſentement les maiſtres Sayeteurs n'ont fers
grauez de leurs noms & ſurnoms, il eſt enioint à chacun d'eux d'en
eſtre fourny dedans le premier iour de Mars.

73.

Item, lequel iour paſſé ne pourront leſdits Sayeteurs expoſer en
vente aucun ouurage de ſayeterie non ferree de tel fer que dit eſt,
ſur peine de confiſcation dudit ouurage : & auec ce eſt deffendu
aux marchands acheteurs d'acheter ledit iour paſſé aucune piece de
ſayeterie non ferree deſdits fers, ſur peine de ſoixante ſols pariſis
d'amende, à appliquer les deux tiers à ladite Ville, & l'autre tiers
aux Egards.

74.

Item, & encores eſt enioint aux maiſtres Sayeteurs d'auoir leurs
fers ioignans leurs eſtilles, pour eſtre promptement prins, ſans retarder les ferreurs : & ce ſur peine de ſix ſols pariſis d'amende, les
deux tiers à ladite Ville, & le tiers aux Egards.   Item

Item & mefmement eſt aduiſé que nul apprenty ſera receu cy
apres maiſtre ſayeteur , n'eſt qu'auec ſadite marque il ayt vn fer,
auquel ſoyent engrauez ſon nom & ſurnom, pour outre ſa marque
eſtre empraint au plomb deſdits ferreurs.

76

Item que ſuppoſé qu'aucun maiſtre ouurier ayt pluſieurs eſtilles,
ſi n'aura il qu'vn fer, duquel ſeront ferrez en la maniere que deſſus
toutes les pieces de ſayeteries qui feront faictes en ſondit ouuroir,
de quelque ſorte qu'elles ſoyent tiſſuës & faites.

77

Item que les rocqs dont les ouuriers de ſayeterie beſongneront
d'oreſnauant en ladite Ville ſeront flattris par l vn des bouts & mar-
quez d'vn fer chaud, portant la fleur de lis aſſiſe partie ſur la garde &
rocq, & l'autre partie ſur la iumelle.

78

Item que les rocqs de ſayes ſeront aſſis en la longueur de deux
pieds & demy , entre deux gardes , pour y mettre dixhuict cens filz
ſur la largeur de demie aulne, à l'aulne du Roy, auec demy baſton,
dont les ſeize baſtons font ladite aulne , le tout faiſant les trois quartiers & demy , aulne d'Amiens, dont on ſouloit vſer pour ce regard.

79

Item & quant aux rocqs des ſatins larges , ils ſeront aſſis en ladite longueur de deux pieds & demy entre deux gardes , pour y mettre ſeize cens vingt fils en pareille largeur que deſſus.

80

Item que l'ourdiſſage de la ſoye ſe fera de la longueur de vingt-
quatre aulne, & vn tiers d'aulne, à l'aulne du Roy, faiſans les quarante aulnes d'Amiens, dont on ſouloit vſer , pour reuenir la piece
toute tainte, couroyee & accouſtree a vingt trois aulnes, trois tiers
baſtons , ou a vingt trois aulnes trois quartiers demy baſton & vn
quart de baſton , faiſant les trente huit ou trente-neuf d'Amiens,
dont pareillement on ſouloit vſer en ce regard.

81

Item & l'ourdiſſage de ſatin large ſe fera de douze aulnes & demy
tiers de long a l'aulne du Roy, faiſant les vingt aulnes d'Amiens
dont pareillement on ſouloit vſer en ce regard , pour faire venir la

piece toute tainte, couroyee & accoustree a vnze aunes & demie,
baston & demy, aulne de Roy, faisant les dixneuf aulnes d'Amiens,
dont semblablement on auoit accoustumé vser pour ce regard.

82.

Item & est deffendu a tous ouuriers de faire sayes ou satins larges
a moindre nombre de fils comme dessus, sur peine de soixante sols
parisis d'amende pour chacune fois, a appliquer les deux tiers a
ladite Ville, & l'autre tiers ausdits Egards & accusateur.

83

Item, & au regard des rocqs pour le satin fin, que l'on nomme
satins communs, iceux rocqs porterôt le nombre de quatorze vingts
rosees, assises sur deux pieds de long entre deux gardes, pour mettre
a chacune rosee cinq fils, dont l'ourdissage se fera en la longueur de
douze aulnes demy tiers de long, aulne de Roy, faisant les vingt
aulnes d'Amiens, dont l'on auoit accoustumé vser, pour faire reuenir le satin tout taint, couroyé & occoustrè a vnze aulnes & demie,
baston & demy, aulne de Roy, faisans les dixneuf aulnes d'Amiens,
dont on vse. Le tout sur la largeur de quartier & demy vn baston &
vn quart de baston : a quoy reuiennent les trois quartiers aulne
d'Amiens, dont on souloit vser pour ce regard.

84.

Item & entant que touche les rocqs de satins changeans, satins
camelots, satins damassez, satins rayez, satins a lezardes, satins a
carreaux, satins en bondons, & autres semblables especes de sayeterie, qui nouuellement se sont inuentees, & que cy apres se pourront inuenter en ladite Ville, iceux rocqs seront tenuz en pareille
largeur que ceux des satins communs. Et pourtant seront lesdites
pieces de sayterie en semblable longueur & largeur que le satin
commun, dont l'ourdissage se fera en pareille longueur que dessus
est dict du satin commun. Sur peine de vingt sols parisis d'amende,
enquoy le maistre ouurier escherra pour chacune faute, a appliquer
les deux tiers a ladite Ville, & l'autre tiers aux Egards & accusateur.

85

Item & est ordonné que lesdites especes de sayterie faites de filé
taint, seront ferrees sur l'estille comme les autres, & si seront portees aux halles par l'ouurier, & là esgardees & ferrees a la semblance
des autres pieces, & au mesme salaire, que payera en ce cas l'ouurier.

Et est deffendu audit ouurier d'expofer ou faire expofer en vente
telles pieces faites de filé taint , & a toutes perfonnes de les acheter,
que premierement elle n'ayt esté visitee & ferree fur halle, fur peine
de foixante fols parifis d'amende , enquoy le vendeur & l'acheteur
& chacun d'eux efcherront , a appliquer moitié a ladite Ville , &
l'autre moitié a l'accufateur.

86

Item est enioint aux marchands aufquels feroient prefentez & ex-
pofez en vente tels fatins de filez taints non ayās le plomb de halles,
ceux retenir & les apporter ou enuoyer aufdits Maieur , Preuoft &
Echeuins, fur pareille amende de foixante fols parifis , enquoy ils
efcherront pour chacun fatin qu'ils auront recelé, à appliquer moitié
à ladite Ville, & l'autre moitié à l'accufateur.

87

Item que pour faire lefdites nouuelles & menuës fortes de fayterie, de quelque façon ou couleur qu'elles foient, fauf pour faire
fatins larges , le maiftre dudit meftier ne pourra auoir ne tenir en fa
maifon & ouuroir plus d'vne eftille, fur peine d'efcheoir en amende
de foixante fols parifis , à appliquer les deux tiers à ladite Ville , &
l'autre tiers aux Egards ou accufateur.

88

Item est defendu à tous ouuriers de rocqs , tant dedans que dehors ladite Ville, de vendre aucuns rocqs au marché, ny en quelque
autre autre lieu que ce foit en icelle Ville & fauxbourgs , & aux
fayteurs & autres gens en acheter, que premierement lefdits rocqs
n'ayent esté vifitez , égardez & flatris des marques declarees cy deffus. Et à cefte fin feront tenuz les marchands de rocqs, porter lefdits
rocqs aux halles, fur peine de dix fols parifis d'amende , enquoy le
vendeur ou l'acheteur & chacun d'eux efcherront pour chacun
rocq, à appliquer moitié à ladite Ville, & l'autre moitié aux Egards
ou accufateur.

89

Item est aduifé que ladite vifitation de rocq & appofition de marque fera & demeurera en la charge des ferreurs en blanc.

90

Item quant aux rocqs qui pour le prefent font és maifons de fayteurs , a esté aduifé que lefdits ferreurs en blanc fe tranfporteront és

maisons de sayteurs de ladite Ville, flatriront les rocqs qu'ils trouueront estre bons, & de la sorte qu'ils doiuent estre, declarez cy dessus, & ceux qu'ils trouueront n'estre tels, les emporteront, s'ils ne
sont empeschez d'ouurage, & où ils seroient empeschez d'ouurage,
laisseront acheuer ledit ouurage, & feront commandement à l'ouurier de n'en plus vser ledit ouurage parfait. Et s'il est trouué contreuenant, il sera callengé d'amende telle que de vingt sols parisis, à
appliquer moitié à ladite, Ville & l'autre moitié ausdits ferreurs en
blanc ou autre accusateur, & si sera son ouurage confisqué au profit
de ladite Ville.

91

Item est aduisé & ordonné que si faute est trouuee en la longueur
ou en la largeur de la saye ou du satin commun, taints en noir, ladite
saye ou satin commun seront iusticez en la maniere accoustumee,
n'est que le dommage se trouue si petit pour le regard de ladite longueur, que trois à six deniers pour piece, auquel ils seront ferrez.

92

Item & où il auroit d'auantage, & il fust apparant que ladite soye
ou satin peussent reuenir en leurs longueurs pour les rappointer &
couroyer pour vne fois, en ce cas elle sera promptement renduë à
tel couroyeur que voudra nommer le sayeteur, pour le rapporter à
la visitation sur halle par ledit couroyeur dedans huitaine, sur peine
de dix sols parisis d'amende, à appliquer la moitié à ladite Ville, &
l'autre moitié aux Egards.

93

Et neantmoins pourront les sayteurs faire commettre, si bon leur
semble & à leurs despens, par l'auctorité desdits Maieur Preuost, &
Escheuins, vn couroyeur commun, pour vacquer audit second
couroy.

94

Et où la piece viendra en ses longueur & largeur ordinaires par
le moyen dudit second couroy, lequel sera bien & deuement fait,
ledit premier couroyeur pour la faute par luy commise escherra en
cinq sols parisis d'amende pour chacune piece. Et aussi si ladite premiere piece demeure en son imperfection, nonobstant ledit second
couroy, le sayteur pour sa temerité payera les fraiz, & si escherra en
pareille amende que dessus, outre l'amende ordinaire, à appliquer

lefdites amēndes de cinq fols moitié à ladite Ville, & l'autre moitié aux Egards ou accufateurs.

95

Item, mais s'il eſt trouué que ledit ouurier ayt ourdy fa faye ou ſon fatin, ou autre piece d'œuure, de quelquefortе qu'elle foit, à moindre compte qu'il n'eſt dit cy deuant, ou le racourcir, la piece ne fera renduë pour eſtre racouſtree, ains fera iuſticee, & l'ouurier condamné en l'amende de foixante fols parifis pour la foye, à appliquer les quarante cinqfols au profit de ladite Ville, & les quinze fols au profit defdits Egards ou accufateurs : & pour le fatin commun en vingt fols parifis, à appliquer moitié à ladite Ville, & l'autre moitié ausdits Egards ou accufateur. Et fi tel ouurier tombe derechef en telle faute, il fera fufpendu d'ouurer a luy & en fon ouuroir par an & iour.

96

Item & afin que lefdits ouuriers ne puiſſét pretendre cause d'ignorance des longueurs que doiuent auoir leurs pieces d'œuure, il eſt aduifé qu'ils ne pourront auoir & tenir en leurs maifons eſtendees & ourdiſſoirs pour eux feruir aux fusdit vsage, que prealablement en vser elles n'ayent eſté efpallees à l'encontre des chaisnes que lesdits Egards fur le blanc auront en leur poſſeſſion, & que lesdits Egards ne les ayent flatries, fur peine en cas de deffaut en encourir en amende de foixante fols parifis, a appliquer les quarante cinq fols au profit de ladite Ville, & les quinze fols ausdits Egards ou acculateurs.

97

Item que pour ledit esgal & flatriſſement fera payé par ledit ouurier ausdits Egards en blanc a la maniere accouſtumee.

98

Item & encores pour mettre ledit ouuroir du tout en fon tort quant a la faculté desdites longueurs, & luy oſter l'occafion de foy excuser fur la durté ou rudeſſe de fon filé, il luy eſt permis d'entretenir fa chaine en plus grande longueur que l'ordinaire, par vn ou deux boutereaux, & felon qu'il cognoiſtra que fon filé le requerra, pour les autant eſtendre que de reuenir en la longueur ordinaire : & en faute de ladite longueur ne fera plus ouy en aucune excuse, & payera l'amende.

99

Item lesquelles chaines feront au nombre de deux feulement, &

toutes deux de fer , en chacun bout defquelles ỹ aura vñ anneau de
fer, en l'vne desquelles fera contenu (y comprins les deux anneaux)
la longueur de la faye, & en l'autre la longueur des fatins & autres
efpeces de fayterie.

100

Item eft encores aduisé qu'il y aura trois fers dont vferont les
Egards ferreurs, efquels feront empraints les armoiries de ladite
Ville, pour d'oresnauant ferrer fur plomb toutes fortes de fayteries,
& que l'vn & le premier, qui eft celuy dont vferont les Egards en
blanc, fera affis au deffouz de l'entrebatte des bas de la piece d'œuure prés l'enfeigne de l'ouuroir, delaiffant par ledict Egard la pien-
nee de la longueur de quartier & demy, vn bafton & vn quart de
bafton, aulne du Roy, faisans les trois quartiers, aulne d'Amiens,
dont l'on auoit accouftumé vfer en ce regard pour plus grande longueur, fur peine d'encourir par ledit Egard en amende de foixante
fols parifis, à appliquer moitié à ladite Ville, & l'autre moitié à
l'accufateur.

101

Item eft defendu à vn chacun ouurier de mettre fa piece d'œuure
hors de l'eftille, que premieremét il n'y ayt mis & tiffu fon entrebatte
& enfeigne, & que ladite piece n'ait efté ferree & marquee par ledit ferreur en blanc & par iceluy ouurier, fur peine de vingt fols parifis d'amende, à appliquer moitié à ladite Ville, & l'autre moitié
aufdits Egards ou acccufateurs.

102

Item & afin que ledict ouurier ne porte intereft par furattendre
ledit ferreur, il eft enioint aufdits ferreurs en blanc, fuiuant les fen-
tences fur ce donnees, d'aller en leurs perfonnes ferrer fur l'eftille
par chacun iour de la femaine à commencer vne heure apres midy,
& les iours de Samedy & nuict de fefte par deux fois, l'vne au matin
enuiron fix heures, depuis Pafques iufques à la fainct Remy, & depuis ledit iour fainct Remy iusques a Pasques enuiron l'heure de fept
heures, & aux apres midy a ladite heure d'vne heure, tellement que
ledict ouurier ne foit contraint par la faute ou coulpe dudit ferreur a
endurer difette, craignant la vente de fa piece d'œuure iufques au
lendemain de ladite fefte, & ce fur peine d'encourir par lesdits ferreurs defaillans en amende de trente fols parifis, a appliquer vingt

fols parifis a ladite Ville, & les autres dix fols a l'accufateur.

103

Item eft defendu a tous ouuriers de faire a vn chacun bout de leur piece d'œuure plus longue queuë que d'vn demy quartier & demy bafton, aulne du Roy, reuenans au quartier, aulne d'Amiens, ny de laiffer la piennée en plus grande longueur que declaré eft cy deffus, & plus longues ne les pourront coupper, a peine d'encourir en amende de foixante fols parifis pour le faict de ladite piennée, a appliquer les quarante fols au profit de ladite Ville, & les vingt fols aux Egards : & pour chacun defdits bouts vingt fols parifis, a appliquer moitié à ladite Ville, & l'autre moitié aux fufdits Egards ou accufateurs.

104

Item & fi ne pourront lefdits ouuriers expofer en vente leurs pieces d'œuure en blanc, que premierement elles ne foient pliees par tel party que l'acheteur puiffe veoir les deux entrebaftes, l'vne par dehors la piece, & l'autre par dedans, & fi leur eft defendu d'y faire aucuns plis fourrez, fur peine en chacun defdits cas de dix fols parifis d'amende, à appliquer moitié à ladite Ville, & l'autre moitié à l'accufateur.

105

Item & eft enioinct aux marchands de retenir lefdits fatins ayans lefdits plis ainfi fourrez & couchez, & les apporter ou enuoyer incontinent a iuftice, fur peine de dix fols parifis d'amende, enquoy ils efcherront, à appliquer moitié à ladite Ville, & l'autre moitié à l'accufateur.

106

Item eft defendu aux Egards d'appofer ledit fer aux pieces de fayterie qui n'auroient efté faites en ladite Ville, & viendroient de lieu eftrange, foit qu'elles foient en blanc ou en noir, & ores qu'elles fuffent bonnes & loyalles, fur peine de fufpenfion de leurs Offices, an & iour, & de payer vingt fols au profit de l'accufateur.

107

Item eft auffi defendu a toutes perfonnes eftranges de apporter pieces de fayterie en blanc en cefte Ville d'Amiens pour les y vendre ny appointer : & aux ouuriers d'icelle Ville, & à toutes autres perfonnes de les receuoir ny appointer, fur peine de confifcation

defdites pieces, auec amende de foixante fols parifis d'amende, en
quoy efcherra l'ouurier, a appliquer moitié a ladite Ville, & l'autre
moitié à l'accufateur.

108

Item & pour euiter plufieurs fraudes que l'on a par cy deuant con-
gnuës, il eft encores defendu aux marchands eftrangers de transporter hors d'icelle Ville les fayes & fatins qu'ils auroient achetez en
blancq en icelle Ville de la manufacture des ouuriers demourans en
ladite Ville, que premierement elles n'ayent efté taintes, appointees, feellees & marquees du fer de ladite Ville, & ce fur peine de
confifcation defdites pieces d'œuures achetees, auec amende de
vingt fols parifis enuers l'accufateur.

109

Item & quant aux autres deux fers qui feront femblables l'vn a
l'autre, iceux deux fers feront affis fur halle, & la faye aupres de
l'enfeigne de l'ouurier, fur deux plombs portans deux pointes, pourveu que ladite faye foit trouuée bonne & loyale, & l'vn d'iceux feulement au fatin large, au fatin commun, qui femblablement auroient
efté trouuez bons & loyaux fur halle.

110

Item que lefdits fers ne feront affis a la faye ny au fatin où il y auroit taches & diuerfes ruptures par mauuais ouurage, mais rejettez
pour punir les ouuriers, a peine d'encourir par lefdits ferreurs en
amende de foixante fols parifis, a appliquer les deux tiers a ladite
Ville, & l'autre tiers a l'accufateur.

111

Item & quant aux pieces qui feront trouuees en telle defection,
qu'il y euft en la faye, de quelque couleur qu'elle peut eftre, ou en la
piece de fayterie trois trous en diuers lieux, vne rupture en trauers,
auec deux trous, telles pieces ne porteront fer ne fceau, de quelque
bonté que elles foient, ains feront & demoureront iufticees, & celuy
qui feroit coulpable de la faute efcherroit en amende de quatre fols
parifis pour la faye, & deux fols parifis pour le fatin & autre efpece
de fayterie, a appliquer aux Egards auec reftitution de l'intereft.

112

Item mais s'il n'eft trouué en ladite faye ou fatin que deux petits
trous feulement fans rupture, le fer y fera appofé, & auffi fera il

où

il n'y auroit qu'vn trou & vne rupture en trauers, & esdits cas n'y
aura amende ny recompense.

113

Item & est entendu que si les Egards ou l'ouurier tombent en
controuersie pour quelque faute autre que celles exprimees cy dessus, telle piece sera mise a part, & tenuë sous la main de iustice par
vingt-quatre heures, que les sept hommes, que l'on nomme le Conseil, seront appellez, tellement que si apres auoir eu communication de ladite piece ils la iugent bonne, elle sera receuë & promptement ferree en leur presence du fer de iurez, qui est vn fer different a
celuy dont vsent lesdits Egards, & qui a esté fait pour donner à cognoistre au marchand estranger que ladite piece est suspecte.

114

Item & encores sera deslors ladite piece d'œuure ainsi ferree mise
par ledict clerc en vn coffre a part pour la deliurer incontinent au
tainturier, qui l'aura habillee au temps qu'il retournera sur haile.

115

Item & où ledit Conseil iugeroit ladite piece defectiue, l'ouurier
pourra faire appeller vn arriere Conseil d'autres sept hommes, le iu-
gement desquels aura lieu, & sera executé, tellement que la piece
iugee bonne demourera pour bonne, & sera ferree & renduë : mais
aussi si elle est iugee defectiue pour ne point porter le fer, la piece ne
sera ferrée, ains sera iusticée & pliée de douze à treize plis a la difference des bonnes, & auec ce payera à l'ouurier au conseil deux sols
pour la saye condamnée, & douze deniers pour chacune piece d'ouurage refusee, auec l'amende accoustumee.

116

Item il est aduisé que lesdicts sept hommes, tant du premier que
du second & arriere conseil, seront a la requeste & instance de
l'ouurier appellez par le seruiteur dudict mestier, qui pour ce faire
se transportera pour la premiere fois qu'il en sera cy apres de besoing, en vne ruë de l'vne des Paroisses d'icelle Ville, assemblera en
icelle ruë son nombre si ainsi le peut faire. Sinon prendra recours en
la ruë plus prochaine, & aduertira lesdits hommes qu'ils ayent a eux
transporter esdites halles, du iour du lendemain pour faire la seruice
susdict. Puis vne autre fois en sera fait le semblable en la mesme
Paroisse, tellement que vn chacun maistre ouurier de ladite Paroisse

ait faict a son tour semblable seruice, parauant que de retourner en
vne autre Paroisse, & desdits euocations, sera tenu faire rapport au
Bureau desdites halles, esquels lesdits euoquez seront tenuz d'aller,
sur peine de dix sols parisis d'amende, à appliquer moitié à ladite
Ville, & l'autre moitié audict seruiteur, & dont regiftre sera tenu
par le clerc cy apres nommé.

117

Item & des iugemens dessus touchez sera encores fait & tenu
regiftre pour le clerc ia commis en la ferme de ladite sayeterie, lequel se trouuera par chacun iour en icelle Halle aux heures des visitations & esgardises & a la conseruation du doict des fermiers, tiendra semblable regiftre du nombre de satins qui seront seellez par les
Egards, comme bons & loyaux, & de ceux a qui ils appartiendront,
& pareillement des pieces de sayeterie refusees & reiectees comme
deffectiues à qui elles appartiendront. Ensemble des pieces que on
aura emporté pour les reporter, & les noms des rapointeurs & des
marchands a qui elles appartiendront, & pareillement de ceux qui
seront rapportez de nouueau aux Egards. Si est aduisé que par vn
certain iour, deux des Escheuins de ladite Ville se transporteront
esdites halles, & là leur sera ledict clerc son rapport, & promptement corrigeront & seront punition des deffaillans, specialement
des recidiuans & des vacations, peines & salaires desdits Escheuins,
& iceluy clerc en seront payez des deniers de ladite Ville & non
d'autres.

118

Item que les heures desdites visitations & esgardise, sur halle auec
appofement de fer seront les matins d'vn chacun iour de la semaine,
hors festes, depuis neuf heures iusques a vnze heures de midy, auf-
quelles heures tous les Egards sur halle seront tenus assifter en leurs
personnes sans cause legitime d'empeschement. De laquelle ledict
clerc sera tenu faire regiftre, & ce sur peine quand ausdits Egards d'a-
mende arbitraire, a appliquer aux fortifications de ladite Ville, &
audit clerc en cas de deffaut ou negligence dudict regiftre, de dix
sols parisis d'amende, a appliquer la moitié à ladite Ville & l'autre
moitié à l'accufateur.

119

Item & afin que les plombs qui se mettront tant sur l'eftille que

fur le guelde, & pareillement fur noir en halle foient de duree &
qu'ils ne fe puiffent facilement defioindre ou ofter de la piece d'œuure, il a efté aduifé que lefdits plombs feront faits en telle efpoiffeur
que felon leurs rotonditez & grandeurs, il ne s'en puiffe trouuer en
vne liure de plomb que foixante.

120

Item & pour ce qu'il eft certain que les fix Egards ferreurs pour
le iourd'huy, exerçans le fait du blanc du guelde & du noir, font
trop plus chargez de feruice en vn chacun iour, qu'ils ne fçau-
roient faire ny exempter, ceft affçauoir d'aller ferrer fur l'eftille en
vn chacun iour ouurier par toutes les maifons des ouuriers fayeteurs,
qui font en grand nombre & en apparence d'augmenter, & là
vifiter les ourdiffoirs defdits ouuriers, auec l'affiette de l'entrebat de
haut & de l'entrebat de bas pour fçauoir fi le tout eft fuffifamment
emply d'enfleure, fi le rocq eft flatry, & tel que l'ouurier en doit
ouurer, fi ledict ouurier a ourdy en tel nombre de compte de filz
qu'il deuft auoir fait, s'il y a greffes ou huilles à l'entour de fon eftille,
fi en l'ouuroir il y a autres fortes d'eftilles qu'il n'y doit auoir, s'il y a
plus d'vn maiftre, s'il y a plus d'vn apprenty, & quels ouuriers eftrangers y befongnent comme maiftres fans auoir certification, & quelles font leurs eftendees.

121

Item d'aller chacun iour vifiter les gueldes des taintures, & mefmement les fatins tirez, ius du premier guelde, enquoy fe font ia
aduenuz plufieurs interefts aux marchands & à la marchandife, par
ce eftre nutrenee & camufie pour auoir fur-attendu eux defcharger
l'vn fur l'autre, & encore c'eft trouué que par faute de bonne &
prompte vifitation ladite marchandife a efté trouuee mal tainte.

122

Item & tiercement d'eux trouuer tous vn chacun iour aux halles
& là faire leur derniere vifitation & égardife, tellement que impof-
fible leur feroit de fournir a tout fans confufion.

123

A efté aduifé que l'égardife fur le blanc & fur l'eftille fe exercera
par fix perfonnages, lefquels auec l'appofement de leur fer feront
des feruices declarez cy deuant, pour le moins de quinze iours en
quinze iours, & dont ils feront rapport aufdits Maieur, Preuoft &

Efcheuins , fur peine de fufpenfion de leurs Offices & d'amende arbitraire, & pour fon falaire, comprins le fait de leurs plombs, auront
le falaire accouftumé, tel que de la faye deux deniers , & de chacune
autre efpece de fayterie vn denier, que leur fera tenu payer le fayteur.

124

Si eft aduifé que l'égardife de guelde , & du fatin en guelde s'e-
xercera pareillement par quatre perfonnages, dont l'vn fera du mef-
ftier de Tainturier en noir , vn autre du meftier de Foullon, vn autre
du meftier de Sayeteur, & le quatrieme du meftier de Tainturier en
guelde.

125.

Item, quant à l'egardife fur halle, y en aura femblable nombre de
fix, aux falaires, fruicts & profits accouftumez, & y vacqueront les
matins, & les aprez midy d'vn chacun iour, le tout fous l'auctorité &
inftitution defdits Maieur, Preuoft & Efcheuins, en la forme qu'il a
efté fait defdites fix perfonnes Egards.

126.

Item , & eft expreffement commandé à vn chacun d'eux refpectiuement de faire garder bien & eftroitement aux ouuriers, tous &
chacuns les poincts & articles deffus declarez, fans acception de perfonnes, & ce fur peine d'eftre reprins de negligence, de punition de
prifon, & amende arbitraire.

127

Et afin que les Egards ne fe puiffent excufer fouz couleur d'ignorance, il eft aduifé qu'ils auront copie defdits articles, & qu'ils feront
tenus la retenir pardeuers eux, & fouuentesfois les lire.

128.

Item, & outre que fuiuant la premiere inftitution defdits Egards,
ceux qui aprez eux voudroient entrer en leurs eftats, ne feront receuz, n'eft qu'ils foient bien naiz, gens reffeans, d'honefte conuerfa-
tion, & de bonne vie & renommée , fans auoir efté reprins d'aucun
vilain cas: Si feront gens expers & cognoiffans au meftier, duquel
ils feront Egards & bons ouuriers, ayans fait chef d'œuure au meftier.

129.

Item, que lefdits Egards ferreurs ne pourront vendre fayes & fatins, ny autres ouurages dudit meftier, fi ce n'eft en blanc , ou faictes

de fil d'eſtain, ſans les pouuoir faire taindre ne mettre en couleur.

130

Item, & auec ce ne pourront eſtre marchands, vallets de mar-chands, facteurs, courtiers, tainturiers, couroyeurs, ne foulons , & ce pour obuier aux fraudes qui ſe pourroient commettre ſous cou-leur de l'vn deſdits eſtats.

131

Item & ſur peine de priuation deſdits Offices & amende arbi-traire, ne pourront encores leſdits Egards & ferreurs prendre ne re-ceuoir aucune choſe en icelles amendes, que premierement leſdites amendes ne ſoyent adiugees , & qu'elles leur ſeront baillees par roolles , & ce pour euiter aux abus & compoſitions qui pour ce re-gard ſe pourroient commettre.

132

Item & s'il aduenoit qu'ils fiſſent le contraire & contreuinſſent en outre aux points & aduiſemens couchez cy deſſus , en ce cas ſe-ront punis pour la premiere fois de groſſes amendes arbitraires, a ap-pliquer a la fortification de ladite Ville : pour la ſeconde fois de ſuſpenſion de leurs Offices, & pour la troiſième fois de la confiſca-tion d'icelles Offices , au profit de ladite Ville , & autremént ſelon que leur cas le requerra.

FOVLAGE DE SATINS.

133

IL eſt aduiſé pour le bien & augmentation, entretenement & eſtat de ſayterie de ladite Ville d'Amiens, que les foulons ne fouleront ſayes ne ſatins en blanc , que ladite ſaye ou ſatins n'ayent eſté faits & ouurez en ladite Ville, portans les fers & ſeaux d'icelle Ville, ſur l'amende de ſoixante ſols pariſis , enquoy eſcherra le foulon faiſant le contraire, a appliquer les quarante ſols à ladite Ville, & le ſurplus aux Egards ou acculateur.

134

Item & a ce que la marchandiſe en blanc ſoit bien foulee & net-toyee, & l'empriſe oſtee tellement que la marchandiſe puiſſe aiſe-ment prendre & receuoir le pied de guelde, couroy, tainture & l'ap-pareil qu'il eſt requis luy bailler, il a eſté encores aduiſé que le foulon ne pourra mettre ne fouler en vne vaiſſelee plus de trois ſayes ou ſix

fatins, & que pour les bien fouler il fera luy deuxiefme audict ouurage, & mettront fus lefdites trois fayes ou fix fatins vn lot de grumel pour le moins qui eft fleur d'auoine, mais parauant que befongner ils feront nettoyer leurs vaiffeaux, lefquels ils ne pourront
mettre en caue, ny en celiers & lieux obfcurs, afin que les Egards
puiffent mieux veoir & cognoiftre les fautes qui feroient en l'ouurage, fur peine pour chacune faute de pareille fomme de foixante
fols parifis, à appliquer comme deffus.

135

Item & vuideront lefdits foulons au net leurs vaiffeaux apres
auoir foulé deux vaiffelees, fans ce qu'ils puiffent pour la tiers vaiffelee vfer de ladicte eau & dudict grumel defdites deux premieres
vaiffelees, fur peine de vingt fols parifis d'amende pour chacune
fois qu'ils feront du contraire, à appliquer moitié à ladite Ville &
l'autre moitié aux Egards ou accufateurs.

136

Item & afin que lefdites fayes & fatins foyent mieux foulez, nettoyez, & auffi que tous les foulons, qui font en grand nombre, puiffent gaigner leurs vies, eft aduifé que les maiftres foulons, aufquels
les marchands de ladite Ville auront baillé leur fatins a fouler, ne
pourront en vn iour plus de quatre vaiffelees, fans renouueler d'vn
autre foullon fraiz & repofé, fur amende de dix fols parifis a appliquer moitié à ladite Ville, & l'autre moitié aux Egards ou accufateurs : & fi ladite ayde foulon eftoit refufant y aller & befongner, en
ce cas lefdits maiftres foulons pourront prendre telle autre ayde que
bon leur plaira, a la charge toutesfois que iceux maiftres foulons
refponderont de toutes fautes qui fe trouueront eftre venuës de la
partie de leurfdits facteurs, fauf leur recours à l'encontre d'eux.

137

Item pour ce que en ladite Ville fe font diuerfes fortes de fayes, &
de fatins, les vns bien bons, & les autres moindres, lefquels fe doiuent fouler diuerfement en leurs blancs les vns plus que les autres,
tellement que fi on le fouloit enfemblement les moindres fe trouue-
roient trop foulez auec les bons, & au contraire fi la foulure des
bons eftoit fupportee a l'occafion des moindres, eftans en vne mefme vaiffellee, les bons n'eftoient affez foulez, il eft enioinct aufdicts
foulons fouler lefdites fayes & fatins feparement, fans mefler les pe-

tits & les bons enfemble, & tellement que la piece foit bien & fuffifamment foulee & felon qu'elle le defirera, & y mettant autant
d'eau chaude & de grumel qu'il appartiendra, & tant faire que lefdites fayes & fatins foyent bien & deuément nettoyez, & l'emprife
oftee fans endommager lesdites fayes & fatins, fur peine d'encourir par ledit foulon pour chacun point auquel il auroit contreuenu,
en amende foixante fols parifis, à appliquer les deux tiers à ladite
Ville, & l'autre tiers aux Egards ou accusateurs.

138

Item & encores pour mieux fouler & nettoyer lesdites fayes &
fatins en leurs blancs, de forte qu'en les couroyant aucune emprife
n'y foit trouuee, lesdits foulons feront tenuz de deftordre les chaines & les lizieres par trois fois en chacune vaiffelee, & a chacune
fois renforcer la vaiffelee d'eau chaude iusqu'a la concurrence d'vn
fceau, pour le moins, afin que le guelde & tainture puiffe mieux
attaindre & percer lesdites chaines & lizieres, fur pareille amende,
a appliquer comme deffus.

139

Item, & pour fçauoir fi lefdites fayes font bien redreffées au frecq
& au fec, & les fatins bien, deuément & fuffifamment foulez & nettoyez, iceux Foulons feront tenus appeller les Egards, pour iceux
vifiter & égarder, fur pareille peine & amende que deffus: Lefquels
Egards feront tenus en leurs perfonnes, & non par autruy, faire l'é-
gardife, fur peine de cinq fols parifis d'amende pour chacune fois à
appliquer comme deffus, auec fufpenfion en cas qu'ils contreuinf-
font d'y aller.

140

Item, & fi ladite vifitation faicte, lefdites fayes & fatins foient
trouuez par lefdits Egards bien & fuffifamment foulez & nettoyez,
& les fayes dreffez au frec & au fec, felon qu'elles le defireront, les
Egards feront tenus affoir leurs fers, portans la lettre de F. en la
maniere accouftumée.

141

Item, & où il s'en trouuera de mal foulez, nettoyez & redreffez,
le Foulon fera tenu les amender & mettre en ordre, & payer cinq
fols parifis d'amende pour la faute d'vne chacune piece, à appliquer
moitié à ladite Ville, & l'autre moitié aux Egards, ou accufateurs.

142

Item , si le Foullon pretend soy excuser des inconueniens qui
pourroient aduenir en la marchandise par luy soullée , pour auoir
esté tenuë en ses mains aprés ladite égardise & apposement de fer, il
pourra mettre ladite marchandise entre les mains du couroyeur,
incontinent aprés ladite égardise, ou autrement il en respondra, &
non l'Egard, des fautes qui se treuueront , & si escherra en pareille
amende de cinq sols parisis pour chacune piece , à appliquer comme dessus.

143

Et parauant l'assiette dudit plomb, lesdits Foulons ne pourront
vuider leurs mains desdits satins ou sayes , ny les bailler aux marchands Tainturiers, Couroyeurs , ny autres personnes, sur peine de
vingt sols parisis pour chacune piece, à appliquer comme dessus.

144

Item , lesdites pieces retournees du guelde ès mains d'iceux
Foullons, lesquels Foullons serôt tenus de destordre les lizieres, les
rebbaisseller, rebaigner & nettoyer, & tellement faire que lesdites
sayes ou satins soient mis en bon ordre , parauant que les deliurer au
Couroyeur, ou Tainturier sur le noir, & lequel seruice & nettoye-
ment fera ledit Foullon après ladite tainture en noir en dernier
guelde, à peine de vingt sols parisis d'amende , en quoy en chacun
desdits deux cas ledit Foullon escherra pour chacune desdites fautes
qui de sa part & endroit sera trouué en chacune desdites sayes & satins, à appliquer moitié à ladite Ville, & l'autre moitié aux Egards,
ou accusateurs : Et pour le salaire dudit Foullon, pour auoir fait les
seruices & ouurages que dessus , ne pourra demander que douze deniers pour la saye , & six deniers pour le satin , qui est le salaire accoustumé.

145

Item seront lesdits Egards entretenuz au nombre de quatre , les
deux maistres du mestier de Foullon , les deux maistres du mestier
de sayeterie , lesquels seront tenuz visiter lesdites sayes & satins,
tant és maisons desdits Foullons, qu'es maisons des couroyeurs, & si
seront tenuz de respondre de leursdites visitations : tellement que si
esdites sayes & satins ferrez de leur fer & sceau, estoit trouué aucune
deffection , ils escherront pour chacune piece en amende de vingt
solz

ſols pariſis, à appliquer moitié à ladite Ville, & l'autre moitié à
l'accuſateur.

146

Et pour leurs peines & ſalaires auec pour le fruiƈt de leurs plombs
accouſtumez, ils auront le ſalaire d'ancienneté payé tel que d'vn
denier pour chacune ſaye, & vne obole pour chacun ſatin, & dont
le foulon eſt touſiours demeuré & demeurera encores chargé.

POVR LE FAIT ET REGARD DES
MESTIERS DE COVROYEVRS, TONDEVRS,
Tainƈturiers & Calendreurs.

147

ITem a eſté aduiſé que nul ne couroyera, tondra, taindra ne calen-
dra ſayes ny ſatins, s'ils n'ont eſté faits & ouurés en ladite Ville, &
que ſur iceux ne ſoient appoſez les fers & ſceaux d'icelle Ville, ſur
peine de confiſcations deſdits ſatins, & de ſoixante ſols pariſis d'a-
mende, enquoy le couroyeur, tondeur, tainƈturier, calendreur
ayans reſpeƈtiuement beſongné, & chacun d'eux eſcherroient, a appliquer les quarante cinq ſols au profit de ladite Ville, & le ſurplus
aux Egards ou accuſateurs.

148

Item que la piece de ſayeterie miſe entre les mains du couroyeur
en blanc, iceluy couroyeur ſera tenu pour ſon commencement
marquer & ſauder ladite piece d'vn fil de ſaye de la couleur dont il
vſe & ſaude ordinairement, & ne pourra vuider ſes mains de ladite
piece, que premierement lediƈt fil ne ſoit appoſé & aſſis afin qu'on
puiſſe cognoiſtre celuy qui l'aura couroyé, ſur peine de cinq ſols
pariſis d'amende, enquoy il eſcherra pour chacune piece, a appliquer moitié a ladite Ville, l'autre moitié aux Egards & accuſateur.

149

Item que le couroyeur ne mettra en vn rolleau qu'vne piece de
ſaye & non plus, pour cauſe de ladite piece de ſaye a les vingt-quatre
aulnes vn demy tiers d'aulne, à l'aulne du Roy, faiſant les quarante
aulnes d'Amiens, dont on ſouloit vſer, qui eſt chargé ſuffiſant pour
employer lediƈt rolleau, & luy eſt enioint de le couurir en la maniere accouſtumee, tellement qu'elle ſoit bien & deuement cou-

royée, fur peine de cheoir en amende de vingt fols parifis, a appliquer moitié a ladite Ville, & l'autre moitié aux Egards ou accufateurs, pour auoir contreuenu a vn chacun defdits cas.

150

Item & quant au faict des fatins, il ne s'en pourra mettre que
deux au rolleau, pour caufe que leurs deux longueurs reuiennent a
la longueur de ladite faye, & les pourront couurir comme deffus,
& non plus : & où il feroit trouué qu'il en fuft mis d'auantage, ils feront efcheuz en pareille amende que deffus.

151

Item les Couroyeurs boulleront & eftendront fur les queures,
mollinets & rolleaux la piece de fayeterie en blanc & a bonne force,
felon que fidellement elle le requerra, en luy baillant tous fes tours,
fans neantmoins luy faire perdre fa longueur ordinaire, tellement
que ledict couroyeur le puiffe tenir en fa longueur par bon couroy,
fi faire le peut, de forte que fi faute y eft trouuee de fa part, il efcherra
en cinq fols parifis d'amende pour chacune piece, a appliquer moitié
a ladite Ville, & l'autre moitié aux Egard ou accufateurs.

152

Et fur pareille amende fera tenu ledit Couroyeur de s'aider audit
premier courroy de fept hommes auec luy, ou autre de par luy, &
auffi de tenir ladite piece de fayeterie fur le rolleau par le temps de
vingtquatre heures.

153

Item, & dés que ladite piece fera couroyée en fon blanc & mife
en l'eftat qu'il appartient, elle fera deliurée au Tondeur, & non à autre, fur femblable amende, & à appliquer comme deffus.

154

Item, que le tondeur fera fon deuoir de feicher bien loyaument,
tondre & accouftrer ladite piece, fans luy faire tort, fur pareille
amende de cinq fols parifis, a appliquer comme deffus : & fur pareille amende couldra fa marque a ladite piece tondue, & a l'autre
lez du fceau du foulon, pour & afin qu'on puiffe s'adreffer a luy en
cas de deffaut, & recouurer fur luy l'intereft du marchand.

155

Item, & pareillement fera tenu de mettre à part la piece de fayeterie qu'il trouuera eftre tache d'huile ou de greffe, & d'en aduertir

le marchand afin d'y donner ordre, & de faire oſter ladite tache, ou
greſſe auparauant que les mettre en teinture, ſur peine de cinq ſols
pariſis d'amende pour chacun ſatin, à appliquer moitié à ladite Ville, & l'autre moitié aux Egards, ou accuſateurs.

156

Item eſt enioinct aux tainturiers en guelde d'entretenir a pied de
ſon guelde a la volonté du marchand, pourveu qu'il ne ſoit moindre que l'eſchantillon baillé audict taincturier & au couroyeur, au
mois de Iuillet mil cinq cens vingt-huict, tant pour le fait & regard
de la piece de ſaye, que pour la piece de ſatin.

157

Item & afin d'entendre a ce que le pied de guelde ne ſoit de
moindre eſtoffe que dudit eſchantillon, il eſt commandé aux egards
de viſiter ſouuent & bien ſogneuſement de iour en iour la guelde
deſdits tainturiers, & meſmement les pieces de ſayeterie, ſi toſt
qu'elles auront eſté miſes hors de la cuue, pour a ceux qu'ils trouueront eſtre bien vuidez mettre & aſſeoir leurs petits plombs au coſté
de bas du commencement deſdites pieces à l'endroit du fer des foulons, le tout a peine de cinq ſols pariſis d'amende, enquoy ledict ferreur eſcherra pour chacune faute, a appliquer moitié a ladite Ville,
& l'autre moitié a l'accuſateur.

158

Item & quant a celles qu'ils trouueront n'auoir eu bon pied de
guelde, les rendront aux tainturiers pour leur bailler nouueau guelde, attendant pour le moins le pied de guelde declaré cy deſſus, ſur
peine de ſuſpenſion de leur eſtat & meſtier par an & iour.

159

Ne pourra le tainturier en guelde mettre en ſa cuue pour chacune
fois plus de ſeize pieds de ſayeterie commune & de façon eſtrange,
qui ſont d'vne meſme grandeur, & des ſayes & ſatins larges qui ſont
à l'equipolent, ſur peine de vingt ſols pariſis d'amende pour chacune cuue, a appliquer moitié à ladite Ville, & l'autre moitié aux
Egards ou accuſateurs.

160

Item ſi ne pourra tranſporter leſdites pieces de ſayeterie, ne ſouffrir icelles eſtre tranſportees hors de ſon ouuroir par le foulon, couroyeur, ny par quelque autre perſonne que ce ſoit, que premierement

elles n'ayent incontinent esté nettoyées & recinchees en eau cou-
rante, & apres egardees : sur peine d'encourir par luy, & par ceux qui
auroient contreuenu & par vn chacun d'eux en amende de soixante
sols parisis, à appliquer les deux tiers à ladite Ville, & l'autre tiers
aux Egards ou aux accusateurs.

161

Item, ne pourra ledit tainturier en guelde tenir lesdites pieces de
sayeterie, leurs imprimeures hors la cuue, sans incontinent icelles lauer & nettoyer, tellement que ladite sayeterie ne puisse empirer par
faute dudit louage, sur peine de dix sols parisis d'amende, à appliquer moitié à ladite Ville, & l'autre moitié aux Egards ou accusateurs.

162

Item que les foullons seront tenuz d'aller querir & emporter lesdites pieces de sayeterie ainsi nettoyees, recinchees & égardees, &
icelles derechef fouler, & rebaigner en leurs vaisseaux en cuue
chaude, sur peine de dix sols parisis d'amende, a appliquer comme
dessus.

163

Item & comme dessus est enioinct ausdits Egards de souuent fre-
quenter les maisons & lieux desdits tainturiers, de sorte que les satins ne prennent empirance par trop longuement reposer sur le car-
reau, en attendant la visitation & esgardisage, sur peine de resou-
der & payer tous interests qui par ce moyen de ladite attente seroient
aduenuz, & sans figure de procés escherront lesdits Egards en amende de soixante sols parisis, a appliquer moitié a ladite Ville, & l'autre moitié a l'accusateur, pour chacune fois.

164

Item & ayant égard à l'extreme diligence que requiert ladite visitation, laquelle ne se peut faire sans salaire, est aduisé que lesdits
Egards auront pour leurs peines & pour le fait de leurs plombs, deux
deniers de chacune piece de saye, & vn denier de chacun satin, que
leur sera tenu payer le tainturier, selon qu'il est ordonné par cy deuant, en luy accordant le salaire & pied de son guelde.

165

Item que lesdites pieces de sayeterie ainsi vuidees, apres qu'elles
auront esté encores nettoyees par le foullon, ainsi qu'il est chargé cy

deuant, feront remifes és mains d'iceux couroyeurs', & non en autre main, fur amende de cinq fols parifis pour chacune piece, a appliquer comme deffus.

166

Item & feront tenus lefdits couroyeurs de leur bailler leur courroy fur edict guelde, & de bien eftendre & rabbatre les lizieres, mefmement les tenir au rolleau par autres vingt quatre heures, fur pareille amende à appliquer comme deffus.

167

Item ce fait feront mis en leurs teintures de noir & apres rapportez & derechef mis tous déploiez en guelde, puis apres courroyé de leur dernier courroy, auquel courroy ils feront eftendus comme s'ils le requierent, & auec ce feront tenus par deux iours fur les rolleaux pour le moins & confequemment pliez du ply accouftumé qui eft de la longueur de demye aulne, vn bafton demy & vn quart de bafton, a aulne du Roy, faifant vne aulne d'Amiens, dont auoit accouftumé vfer, & eftans ainfi pliez feront coufus du filé defdits courroyeurs, qui eft la marque dont ils vfent, & laquelle eft portee par les regiftres de ladite Ville, & ainfi coufus feront portez fur halle par iceux courroyeurs.

168

Item mais fi en faifant par lefdits couroyeurs lefdits deuoirs, ils trouuoient vn ou plufieurs trous en la piece de fayeterie, il fera tenu de mettre à l'endroit d'vn chacun trou vne enfeigne de filé. Laquelle fera pendante a ladite faye d'vne autre couleur que celle dont fera faite ladite faye. Tellement qu'on puiffe facillement cognoiftre le nombre & endroicts defdits fautes, fur pareille amende de cinq fols parifis pour chacune piece enquoy efcherra ledict courroyeur a appliquer moitié à ladite Ville & l'autre moitié aux Egards ou accufateurs.

169

Item fera tenu encores ledict couroyeur de cacher & coudre l'enfeigne de ladite faye, demy quartier aulne du Roy de profond de dans la faye, & dedans le fatin de quelque façon qu'il foit, afin que l'Egard ne puiffe cognoiftre l'ouurier qu'il l'aura faite, qui fera pour ofter toutes occafion de faueurs. Et ce fur peines de pareille amende a appliquer comme deffus.

170

Item eſt enioint à chacun deſdits courroyeurs & tainturiers en
noir de porter ſur halles toutes les pieces de ſayeteries, tant bonnes
que mauuaiſes qu'ils auront reſpectiuement appointez en leurs ouuroirs, ſans en receller, pour là eſtre viſitez & égardez pour paſſer le
bon & corriger le mauuais, & s'il eſt trouué qu'il y en ait aucunes
recellees le recellant ſera en amende dè ſoixante ſols pariſis à appliquer les quarante ſols au profit de ladite Ville & le ſurplus aux
égards ou accuſateur.

171

Item & eſt entendu que leſdites pieces de ſayterie ſeront portees
eſdites halles auparauant que icelles calandrer, ſur pareille peine &
amende & a icelle appliquer comme deſſus.

172

Item & eſt deffendu aux tainturiers eux aider de bougage, ne de
galles, ne de couperoſe, en leur tainture ſur le noir,& ne vſerõt que
d'eſcorches & anneaux & de mollees, ſur peine de ſoixante ſols pariſis enquoy ilz eſcherront à appliquer les deux tiers a ladite Ville &
l'autre tiers a l'eſgard ou accuſateur, auec reſtitution de tout l'intereſt & dommage du marchand.

173

Item & auſſi ſi ledict tainturier eſt trouué auoir tainct aucunes
pieces de ſayterie d'autres couleurs que de noir, & icelles couleurs ne
fuſſent bonnes, telles pieces ſeront contreſignees par l'ègard &
renduës au tainturier pour les ramender n'eſt qu'il plaiſe au marchand
que le tainturier le remette a ſes deſpens en autre couleur.

174

Item mais ſi le tainturier les reprend pour eſtre ramendees en ſa
premiere couleur, en ce cas il ſera tenu ce faire & les repreſenter aux
ègards pour de rechef eſtre ègardee & ſi beſoin eſt remiſes de nouueau a la tainture : & a cauſe de ladite ſeconde remiſe ſera ledict
tainturier amendable de ſoixante ſols pariſis pour chacune piece, a
appliquer moitié a ladite Ville, & l'autre moitié aux Egards ou
accuſateurs.

175

Item & pour ce que leſdites pieces de couleur ſont ſouuentes-fois
tachees & gaſtees és ouuroirs des courroyeurs & tainturiers en noir

acaufe defdites taintures en noir, qui font en leurfdits ouuroirs il a
efté aduifé pour le bien & profit de ledite marchandife que lefdites
pieces de couleur feront tournees fur rolleaux nets, n'ayans feruy
au courroy de noir fremis & boullis fi befoin eft en vn lieu a part, fans
ce que en iceluy lieu l'on puiffe aucunement couroyer en noir fur
peine de foixante fols parifis d'amende, a appliquer les deux tiers a
ladite Ville, & l'autre tiers aux Egards ou accufateur.

176

Item eft enioinct aufdits tainturiers de mettre en leurs taintures
de noir, tant & fi largement de bonnes eftoffes que le guelde foit
furmonté, & que les pieces de fayes & de fatins foient bien tains fans
quelque vilenie ou defection de leur part fur peine de cinq fols parifis d'amende pour chacune piece qui feroit trouuée en mauuais ordre
a appliquer moitié a ladite Ville, & l'autre moitié aux Egards, &
auec ce fera ledict tainturier contrainct a le racouftrer & les remettre
a fes defpens en bon & fuffifant eftat.

177

Item & eft deffendu aux couroyeurs & tainturiers en noir a chacun d'eux, de mettre en autre main que les leur, la piece de fayeterie
en laquelle ils auront befongné, que premierement elle n'ait efté par
portee fur halle, fur peine d'encourir pour les contreuenans en amende de dix fols parifis pour chacune piece a appliquer moitié a ladite
Ville, & le furplus aux Egards ou accufateurs.

178

Item eft auffi deffendu a tous marchands de prendre & receuoir
par eux ny par leurs feruiteurs, ny autre perfonne interpofee la piece
de faye ou fatin des mains des courroyeurs ou tainturiers, que premierement elles n'aient efté portees fur halle, & illec vifitees par les
Egards, & fur pareille amende de dix fols parifis a appliquer moitié
a ladite Ville, & l'autre moitié aux Egards ou accufateurs.

179

Item & fans auoir faict ladite vifitation lefdits Egards ne pourront pareillement remettre aucunes defdites pieces entre les mains
defdits couroyeurs, tainturiers, & calendreurs, ne iceux couroyeurs,
tainturiers, & calendreurs, les prendre & receuoir des deffufdits,
que le fer ne foit premierement affis fur celles qui feront trouuees
bonnes, & que les defectiues n'ayent efté iufticiees fur l'amende de

ſoixante ſols pariſis à appliquer les deux tiers à ladite Ville, & l'autre a l'accuſateur.

180

Item & leſquelles bonnes pieces les calendreurs ſeront tenus plier
en ply de marchand tel que de cinq plis en monſtre, en maniere
accouſtumee.

181

Item que leſdits calendreurs mettront la piece de ſayterie en bon
ordre, & auront ſoing, meſmes tiendront la main a ce que les fers &
ſeaux aſſis ſur chacune piece de ſayterie, ſur laquelle ils beſongneront ſoient entretenus en leurs entiers ſans rupture ou efforcement
d'impreſſion, & ſi par cas d'aduenture leſdits ſeaux eſtoient domma-
gez, il eſt deffendu aux calendreurs & a tous autres perſonnes de
plier telle piece d'œuure en ply de marchand, que premierement
elles n'ayent eſté rapportees ſur halles pardeuers leſdits Egards leſ-
quelz y mettront nouueau ſceau & en ſeront payez aux ſalaires accouſtumez par ledict calendreur.

182

Item eſt deffendu a tous marchands d'eſtre marchands, tainturiers en guelde, & en noir, & calendriers enſemblement, n'eſtoit
que leur fut permis par leſdits Maieur Preuoſt & Eſcheuins, auec cognoiſſance de cauſe, auſquels cas tels marchands exerçans ou faiſans
exercer ſoubz eux leſdits trois eſtatz né pourront faire ou faire faire
pacquets de ſayes ou ſatins pour enuoyer hors de ladite Ville, que
premierement leſdits Egards n'ayent eſté appellez pour les veoir
faire, afin qu'ils puiſſent ſçauoir & cognoiſtre ſi toutes les pieces que
l'on voudroit empaqueter ſont bonnes & garnies de leurs ſeaux entiers. Et s'il eſtoit trouué qu'il y euſt quelques pieces non garnies de
leurs ſeaux, ſuppoſé qu'elles fuſſent bonnes ou qu'il y euſt aucunes
pieces qui ſe portaſſent mal en leurs taintures ou qu'il y euſt en elles
quelque deffection notable, telles pieces de ſayeterie ne ſeront em-
pacquettees, comme auſſi ne ſeront toutes manieres de ſatins iuſti-
ciez, & en faiſant le contraire eſcherront les facteurs, & chacun
d'eux en ſoixante ſols pariſis d'amende pour chacun pacquet, appliquer les quarante ſols a ladite Ville, & les vingt ſols auſdits Egards
ou accuſateurs.

183

Item & pour ce que par cy deuant quand aucun compagnon dudict

dict meftier de couroyeur apres auoir fait fes apprentiffages voulant paffer maiftre lefdicts Egards , luy faifoient faire plufieurs defpenfe, eft aduifé que celuy qui voudra paffer maiftre, s'il eft trouué ouurier fuffifant, fera receu, faifant le ferment en tel cas requis & fera enregiftré au greffe de ladite Ville, & là declarera la qualité de fon filé ou enfeigne, & payera les droits accouftumez.

184

Item que s'il eft trouué que ledict nouueau maiftre ait fait quelque don ou promeffe ou fouftenir autre despence que deffus pour paruenir a ladite maiftrife luy & ceux qui en auront efté l'occafion & pareillement ceux qui auroient affifté a ladite despence, feront condamnez chacun d'eux en amende arbitraire , a appliquer moitié a ladite Ville, vn quart a l'accufateur, & l'autre quart a iceux Egards.

Publié a fon de trompe & cry public au lieu où fe fait le marché au filé de ladite Ville, en presence de grand nombre de peuple y affemblé. Les vendredy vingt quatriéme & Samedy vingt cinquiéme iour de Février mil cinq cens quarante fept.

LEs Briefz, Statutz & Reglements cy deffus ont efté derechef publiez au marché au filé de ladite Ville d'Amiens a fon de trompe & cry public le marché feant. Et auant ce faire, à efté leu & publié ce qui s'enfuit. Le Vendredy treiziefme iour d'Avril mil cinq cens foixante cinq, auant Pafques. Dacte renouuellee en l'Efcheuinage dudit Amiens le iour noftre Dame en Mars dernier paffé,

DE PAR LES MAIEVR, PREVOST
ET ESCHEVINS DE LA VILLE ET
Cité d'Amiens.

L'Eftat & meftier de la fayeterie (que l'on a commencé d'exercer en cefte Ville depuis cinquante ans) eft tellement acru & multiplié depuis ce temps, que maintenant fe voit vne fort grande partie des habitans de ladite Ville viure & trafiquer de ce negoce & manufacture, laquelle par le moyen des bonnes Ordonnances,

E

Briefs ſtatuts, & Reglemens qui y ont eſté mis & eſtablis meurement, & par grande deliberation de conſeil, & des Egards & Officiers que nous auons commis & eſtablis pour la viſitation & Eſgardiſe des laines & pieces d'ouurages dudit meſtier de ſayeterie. Et pour l'obſeruation deſdits briefs, ſtatuts & Ordonnances, a touſiours eſté bien receuë, & a eu cours non ſeulement par toutes les Villes de France, d'Allemaigne, d'Eſpaigne, & de Chreſtienté, mais auſſi en Turquie, Barbarie, & generalement partout le monde, à l'occaſion que leſdites pieces d'ouurages eſtoient bonnes, loyales & ſuiuables, ayans leurs longueurs, & bien & fidelement faites & accouſtrees de tous points ſuiuant iceux briefs, dont ladite Villé d'Amiens a receu par tout grand loüange, renom & honneur, & les habitans d'icelle vn indicible profit & vtilité, d'autant que les marchands forains faiſans grand train & faction de ladite marchandiſe, enuoyent faire leurs achats & emplois en ceſte Ville, n'a eſté depuis quelque peu de temps ença, que par la malice du temps grand partie des ſayeteurs cettedite Ville, mettans en oubly le ſerment qu'ils ont fait & preſté lors qu'ils ont par nous eſté receus maiſtres dudit meſtier, ſe ſont hazardez faire leurs ſayes, ſatins & camelots courts & eſtroits non ſuiuables ny aſſortis ſuiuant leſdits briefs. Et a aucuns d'iceux pour couurir leurs fautes & larcins, appoſer marques contrefaites autres que celles dont ils marquent ordinairement, les égards negligeans leurs charges n'ont fait deuoir de faire les viſitations & égardiſes a quoy ils ſont tenus, n'y faire leurs rapports des fautes & malverſations qu'ils y ont trouuees : les houppiers courroyeurs, tainturiers & generallement tous ceux qui ont l'appareil & maniment de ladite marchandiſe n'ont ſemblablement tenu compte d'accouſtrer icelle marchandiſe ainſi qu'ils doiuent, & que les briefs & le ſerment qu'ils ont fait les enchargent & obligent, de maniere que ledit eſtat & meſtier à eſté & eſt à preſent fort aboly, abbatardy & anneanty en ceſte dite Ville, tellement que à raiſon deſdites fautes & deſloiauté, leſdits marchands forains, au grand ſcandal & des-honneur de ladite Ville ont eſté contraints laiſſer la marchādiſe d'icelle Ville & aller faire leurs achats en la Ville de Lille & autres Villes de par delà, où ſe portent pour ceſt effect des grands deniers qui ſouloient demeurer en ceſte dite Ville, en ce pays, ou pluſieurs

& grand nombre de perſonnes viuent de ladite manufacture, enquoy ladite Ville & ce pays par ce moyen, & ſpeciallement ceux
qui s'entremétent d'acouſtrer la laine, filer le filé, faire & appareiller
ladite marchandiſe y ont eu & porté, ont & portent grand perte &
intereſt, ce qu'il ſemble eſtre procedé, ſpecialement pour auoir traité
trop doucement leſdits ſayeteurs, Egards, houppiers, couroyeurs,
& tainturiers en leurs fautes, larcins, abbus & malverſations, leur
faiſans diminution & moderation des amendes & peines eſquelles
ils ſont eſcheuz par iceux briefs, ſtatuts, & reglemens. En ſorte que
ce qu'il nous a ſemblé eſtre plus neceſſaire pour reſtaurer & remettre ladite marchandiſe de ſayeterie en ſa bonté valeur & eſtime
comme elle a eſté le paſſé, & reſtituer en ce regard ladite Ville en
ſon priſtin honneur & renom. A eſté de mettre la halle de ladite ſaye
terie ſur le noir en la ſalle de la maiſon du Souich pres de noſtre
hoſtel de Ville pour y entendre & auoir l'œil & regard plus diligemment que iamais. Auſſi de faire garder & obſeruer entierement
& a toute rigueur leſdits briefs, ſtatutz, Ordonnances & reglement
dudit eſtat de ſayeterie, en tous les points & articles y contenus & de
punir & condamner les contreuenans a iceux, aux peines & amendes y ſpecifiées, ſans en faire aucune moderation. D'autant comme
dit eſt, que leſdits briefs ont eſté faits & aduiſez meurement ouyz
tous ceux qui faiſoiét a ouyr. Et d'auantage de nouueau faire preſentement la publication d'iceux briefs a ſon de trompe & cry publicq,
par les carfours de ladite Ville. A ce que nul n'en pretend cauſe d'i-
gnorance. Et que chacun en ſon regard face ſon deuoir de garder &
enſuiure iceux briefs. Sur les peines contenuës ſans eſperance d'en
obtenir de nous aucune moderation ny diminution.

DE PAR LES MAIEVR, PREVOST
ET ESCHEVINS DE LA VILLE ET
Cité d'Amiens.

L'Vne des choſes, que nous auons touſiours eu en pluſ-grande
affection & ſinguliere recommandation pour le bien, profit &
commodité de ceſte Ville & des habitans en icelle, a eſté de donner
& faire eſtablir bon ordre & reiglement ſur le fait & eſtat de la ſaye-

terie en ladite Ville dont viuent plusieurs desdits habitans & grand
nombre de pauures gens de village des enuirons de ladite Ville. Et
combien que pour l'entretenement d'iceluy estat, par le lxxxvij.
article des briefs, statutz & reiglement d'iceluy soit expressement
prohibé & defendu aux Maistres sayeteurs d'icelle Ville d'auoir &
tenir en leurs maisons & ouuroirs, plus d'vne estille pour faire satins
changeans, satins camelots, satins damassez, royez, alezardes, a
catreaux, a bourdons & autres semblables especes de sayeterie,
nouuellement inuentées, & qui cy apres se pourront inuenter en
ladite Ville, en peine de soixante sols parisis d'amende. Neant-
moings nous auons puisnagueres esté aduertis que aucuns sayeteurs
pour leur profit particulier se sont ingerez & ingerent tenir & auoir
en leursdites maisons & ouuroirs, trois, quatre, & cinq estilles, be-
songnans & ouurans desdites nouuelles & menuës sortes de sayeterie, au preiudice desdits briefs, & au grand dommage & interest des
pauures sayeteurs & du bien public. Surquoy ouy le procureur pour
Office de ladite Ville, aucuns marchands achetans ordinairement
lesdites pieces de sayeterie, & plusieurs desdits sayeteurs, Auons en
reiterant lesdits briefs & statutz, fait & faisons inhibitions & deffences a tous lesdits sayeteurs pour faire lesdites nouuelles & menuës sortes de sayeterie de quelque façon ou couleur qu'elles soient,
d'auoir & tenir en leurs maisons & ouuroirs, plus d'vne estille, sur
peine de soixante sols parisis d'amende, a appliquer les deux tiers a la
Ville, & l'autre tiers aux Egards ou accusateurs. Et si aucuns desdits
sayeteurs pour le iourd'huy ont plus d'vne estille chargée desdites
nouuelles & menuës pieces d'ouurage dudit estat de sayeterie, leur
enioignons icelles acheuer & eux en deffaire & descharger lesdites
estilles en dedans la huitaine au plus tard, sur pareille peine que dessus. Si enioignons tres-expressement ausdits sayeteurs de faire bonne ouurage audit estat, tant en façon, longueur & largeur, sur pareille amende de soixante solz parisis. Publié à son de trompe & cry
public par les carrefours accoustumez a faire cry & publication en
la Ville & Cité d'Amiens. Et aussi ès carrefours de S. Sulpice, du
puits des Vuatelets, du carfour du Vidame, sur le pont de Macaire,
sur le pont de la Plumette, & de l'Eglise sainct Iacques. Le trei-
ziesme iour d'Aoust mil cinq cens soixante cinq.

DE PAR LES MAIEVR, PREVOST
ET ESCHEVINS, DE LA VILLE ET
Cité d'Amiens.

NOus auons dés long-temps receu plusieurs plaintes & aduer-tissements des marchands de ceste Ville qui s'entremettent d'acheter ordinairement satins & autres pieces d'ouurage & saye-terie. Et de plusieurs marchands de Paris, Lyon, Reims, & autres lieux qui font grande faction & trafic desdites pieces d'ouurage qu'en ceste dite Ville se faisoient, vendoiët & emportoiët hors és Vil-les de ce Royaume, mesmes iusques en Allemagne, Espaigne, Tur-quie, & autres pays estranges, grand nombre desdites pieces de say-terie, dont grand partie se trouuoit au detailler & debiter mal faites & non suiuables, en fil, bonté & façon : autres en fort grand nombre estroites, non en compte de fil, & n'ayans leur aunage & longueur. Enquoy ladite Ville d'Amiens auoit receu & receuoit chacun iour grand scandale & des-honneur auec vn dommage & in-tereft indicible, d'autant que à raison desdites fraudes & malversa-tions, lesquelles le plus souuent ne se peuuent d'escouurir au moyen que les saieteurs falcifient a la fois leurs marques & enseignes, les-dits marchands forains alloient faire leurs achats & employz a Lille & autres Villes de par delà où se fait grand nombre desdites pieces de saieterie, & où se portoit beaucoup d'or & d'argent qui souloit demeurer par deçà le passé, & lors qu'ils faisoient leurs achats en ceste dite Ville, ce qui a esté & est cause de la pauureté & mendicité que l'on voit maintenant entre les saieteurs de ladite Ville & de plusieurs autres qui auoient accoustumé de viure honneste-ment de ladite manufacture, tous lesquels (comme il est apparant) tomberoient de brief en plus grand ruine, & pauureté) Au moyen qu'ils continuent chacun iour & plus que iamais de faire mauuais & vicieux ouurage, s'il n'est à ce pouureu de prompt & conuenable remede. Pour a quoy donner ordre auons par plusieurs fois fait con-uocquer & assembler les marchands de satins d'icelle Ville, auec au-cuns maistres saieteurs, les Egards dudit mestier, & les foullons, tainturiers, couroyeurs & autres qui s'entremettent d'accoustrer les-dites pieces d'ouurage de sayeterie. Par aduis de la plus saine &

grande partie defquels & fur la requefte du procureur pour Office de
ladite Ville, auons pour le bien public de ladite Ville, & l'entretenement dudit meftier, ordonné & ftatué, & par ces prefentes ordonnons & ftatuons par prouifion, & iufques a noftre volonté & rappel,
ce qu'il s'enfuit.

I

Premierement ordonnons que tous maiftres fayeteurs de ladite
Ville ayans vendu aux marchands d'icelle Ville & auec eux conuenu
de prix de leurs fayes, farges, fatins, camelots & toutes autres pieces
de fayeterie en blanc, auant que iceux de laiffer aufdits marchands,
n'y receuoir d'eux l'argent & prix de la vente defdites pieces de fayterie en blanc, feront tenus, apres que lefdits marchands auront ef-
crit leur prix couftant fur lefdites pieces de fayeterie, ou y fait quelque marque pour recognoiffance dudit prix couftant, porter lefdites
pieces de fayterie aux grandes halles de ladite Ville pour y eftre aul-
nées, par Iean de Campaignes, François Royel, Pierre Gourlet,
Mathieu le Fevre, Iean de Deuuin & Nicolas Cauerois, Maiftres fayteurs d'icelle Ville par nous commis & inftituez pour ce regard fur
les tables que nous y auons fait dreffer a cefte fin, en peine de foixante fols parifis d'amende pour chacune piece tant contre le marchand que contre le fayteur, dont l'accufateur aura vn tiers : neantmoins s'y auant expofer en vente lefdites pieces de fayeterie, les fayteurs les veullent porter ou enuoyer aulner efdites halles, faire les
pourront.

2

Item fi ladite piece d'ouurage eft trouuee efdites halles par lefdits
aulneurs de la longueur portee par lefdits briefs, ftatuz & reglement
dudit meftier de fayeterie, & ferree par les Egards ferreurs fur l'e-
ftille du plomb accouftumé, marqué & imprimé d'vne part des armories de la Ville, & de l'autre part du coing du fayteur au forme
& femblable a la marque du fil appofee a ladite piece d'ouurage, lefdits aulneurs y appoferont vn plomb fur lequel ils imprimeront d'v-
ne part les armories de ladite Ville & de l'autre part vne L Romaine,
lequel plomb (qui fera de la pefanteur de foixante a la liure) certi-
fiera a la longueur de ladite piece d'ouurage.

3

Item fi ladite piece d'ouurage fe treuue plus courte qu'il n'eft

porté par ledict reglement, lefdits aulneurs osteront les deux entrebades, & couperont ladite piece d'ouurage en quatre pieces, & ainsi
sera ladite piece d'ouurage renduë au sayeteur pour en faire son
profit.   4

Item si lefdits aulneurs voient apparemment que lefdites pieces
ne soient de la longueur & au nombre & compte de filz par lefdits
briefs, ils retiendront lefdites pieces, nous en aduertiront promptement pour en faire la correction & punition exemplaire, tant contre
le sayeteur, que contre l'égard ferreur sur l'estille, lequel auroit ferré
ladite piece d'ouurage estroite, & non en compte.

                              5

Item s'il se trouue que lefdits aulneurs ayent commis aucune faute en leurs estats & qu'ils ayent ferré aucune defdites pieces d'ouurage plus courte qu'il n'est porté par ledict reglement, ou bien
n'ayant le fer des Egards ferreurs sur l'estille, ils escherront pour la
premiere fois en dix liures parisis d'amende : & pour la seconde en
vingt liures parisis, & priuez a iamais defdites charges & estats.
Pour lesquelles amendes ils seront tenuz l'vn pour l'autre & chacun
d'eux pour le tout, & d'icelles l'accusateur aura vn tiers.

                              6

Item pour faire ledit aulnage liurer, appliquer & marquer le
plomb a chacune piece d'ouurage, auront lefdits aulneurs vn denier
tournois qu'ils receuront par les mains des marchands achetans lesdites pieces d'ouurage : lesquels marchands payeront ledict denier
pour piece sur les halles en noir de semaine en semaine, & sur le regi-
stre du clerc iuré de ladite ferme sera ausdits aulneurs baillé execu-
toire contre lefdits marchands, si besoin est, pour ledit denier pour
piece d'ouurage ainsi aulnee & ferree, en blanc,

                              7

Item seront lefdits aulneurs par nous renouuellez de trois mois
en trois mois, ou de six mois en six mois, ainsi que trouuerons cy
apres estre a faire pour le mieux, & selon que trouuerons qu'il sera
besoing pour l'execution de ladite charge, qu'ils soient subiets esdites halles leur enioindrons eux y trouuer cy apres les iours & aux
heures que aduiserons, & y seront tousiours prins & esleuz maistres
sayeteurs gens de bien, bien famez & renommez & n'ayans commis
aucun crime ny receu blasme en Iustice.

8

Item,& afin que lefdits marchands achetans lefdites pieces d'oũ-
uraage puiſſent plus certainement cognoiſtre la bonté ou defection qui eſt eſdites pieces , & ſi elles ſont bien faites, & le filé ſuyuable,Ordonnons que leſdits Sayeteurs expoſans en vente leſdites
pieces de ſayeterie ſoyent de couleur, taintes ou en blanc, pliront &
ſauderont icelles pieces de la longueur de demie aulne demy quart,
aulne de Roy , qui reuient a vne aulne d'Amiens , ſans y faire ny cacher aucun demy ploy : ſauf pour le regard des ſayes & ſatins commun & ſatins larges , qui ſe plieront en la maniere accouſtumee , &
generallement de toutes pieces d'ouurage ils mettront en euidence
les deux entrebades , ſans les plier & cacher dedans leſdites pieces,
Le tout en peine de vingt ſols pariſis d'amende pour chacune piece,
& de pareille amende contre les marchands qui les acheteront autrement pliees & ſaudees que dit eſt.

9

Item ordonnons que le ſtatut & reglement cy deſſus commencera a auoir lieu le Lundy vingtieſme iour de ce mois de May , afin
qu'en dedans ce temps,leſdits ſayteurs puiſſent vendre & eux deffaire
des pieces d'ouurages dudit meſtier par eux faites & encommences,
n'eſtans faites & pliees comme deſſus.

10

Item en reiterant & ſuiuant les briefs & reglement dudit meſtier
de ſayterie, nous deffendons a tous ouuriers de rocqs, tant de dehors
que dedans la Ville de vendre aucuns rocqs au marché ne en quelque autre lieu que ce ſoit en icelle Ville & faulxbourgs & aux ſayeteurs & autres gens d'en acheter, que premierement leſdits rocqs
n'ayent eſté viſitez , & égardez & flatris des marques a ce ordonnees. Et a ceſte fin ſeront tenus les marchands de rocqs porter leſdits rocqs auſdites grandes halles , & les faire ſçauoir aux Egards,
ferreurs en blanc ſur l'eſtille : leſquels ſont chargez de ladite viſitation & appoſition de marque , ou a deux d'iceux , enioinct en peine
de dix ſols pariſis d'amende : enquoy le vendeur ou l'acheteur ou
chacun d'eux eſcherront pour chacun rocq, a appliquer moitié a ladite Ville & l'autre moitié auſdits Egards ou accuſateurs.

11

Item combien que par ledit reglement leſdits Egards ferreurs en

blanc

blanc ſoient chargez de faire viſitation és maiſons des ſayeteurs, pour ſçauoir entre autres choſes ſi leurs rocqs ſont en compte & par eux flatris : neantmoins nous auons eſté aduertis que leſdits Egaids en blanc ont iuſques icy tant negligé leurs charges, qu'en ceſtedite Ville ne ſe trouue plus aucuns ou bien peu de rocqs flatris en ſorte que pour n'auoir a ce eſté donné ordre par leſdits Egaids , pluſieurs ſayteur beſongnent auec rocqs en beaucoup de moindre compte qu'il n'eſt porté par ledit reglement. A ceſte cauſe conformement audit reglement auons ordonné que leſdits ferreurs en blanc ſe tranſporteront en dedans ledit vingtieme iour de May prochain, és maiſons de tous les Saiteurs de ladite Ville, pour flatrir les rocs qu'ils y trouueront eſtre bons, ſuiuant ledit Reglement: & ceux qu'ils trouuera n'eſtre tels, les emporteront s'ils ne ſont empéchez d'ouurage: & où ils ſeront empechez d'ouurage, laiſſeront acheuer ledit ouurage, & feront commandement a l'ouurier de n'en plus vſer ledit ouurage parfait, & s'il eſt contreuenant, il ſera callengé de vingt ſols pariſis d'amende, à appliquer moitié à ladite Ville, & l'autre moitié auſdits Egards, ou autre accuſateur, & ſi ſera ſon ouurage confiſqué au profit de ladite Ville.

12

Et pour ce que depuis peu de temps l'on a commencé a faire en ceſte dite Ville dudit meſtier de ſaicterie grand nombre de ſarges de la façon de celles qui ſe font en la Ville d'Aſcot, dont n'eſt faite aucune mention par les reglemens dudit meſtier de ſaieterie, ny des longueurs, largeurs, nombre & compte de filz qu'elles doiuent auoir & aquoy eſt beſoing pouruoir & donner bon ordre & police, d'autât que a raiſon de ladite manufacture pluſieurs marchãds forains qui alloient faire leur employ en ladite Ville d'Aſcot leuent pour le préſent en ladite Ville grand nombre deſdites ſarges, enquoy ladite Ville d'Amiens & les ouuriers profitent grandement. Nous apres auoir fait mettre ceſt affaire en deliberation en aſſemblee par nous faites deſdits marchands & de pluſieurs deſdits ſayeteurs, courroyeurs, tainturiers & ſoullons, auons ſuiuant leur aduis & a la requeſte dudit procureur pour Office fait & faiſons deffences a tous les ſayeteurs de ladite Ville de faire & commencer ce iourd'huy paſſé aucunes deſdites ſarges qu'elles ne ſoient bien faites & de fine laine, ſuyuies en bonté de filé & aſſorties ſuffiſamment, & qu'lles ne ſoient

de la longueur de vingt & vne aulnes, aulne de Roy, en blanc venans de l'eſtille, de la largeur d'vne aulne & vn douzieſme auſſi aulne de Roy entre-deux gardes & venans de l'eſtille, & en vingt deux
cens en nombre de filz pour le moins, en peine de ſoixante ſols pariſis
d'amende & d'eſtre coupees ainſi qu'il eſt dict cy deſſus par leſdits
aulneurs en blanc. Leſquels auront vn tiers deſdites amendes : neantmoins ſi leſdits ſayeteurs les veulent faire plus longues & plus larges & en plus grand nombre & compte de filz, faire le pourront.

13

Item, pour ce que pour le preſent aucuns maiſtres Sayeteurs peuuent auoir encommencé aucunes deſdites ſarges plus courtes, eſtroites, & en moindre compte que deſſus, au moyen qu'il n'y auoit Reglement de par Nous ſur ce eſtably, leur enioignons auoir icelles
acheuees au plus tard en dedans la quinzaine d'huy, & en dedans ce
temps les faire paſſer ſur halle, & ledit temps paſſé n'en feront plus
paſſees aucunes que des longueur, largeur & nombre de filz que
deſſus, ou eſtans plus larges & longues, ainſi que dit eſt.

14

Item, deffendons à tous leſdits Sayeteurs de tenir & auoir en
leurs maiſons & ouuroir plus d'vne eſtille pour y faire leſdites ſarges, en peine de ſoixante ſols d'amende, dont l'accuſateur aura vn
tiers.

15

Item, ſi aucuns maiſtres ſayeteurs ont en leurs maiſons & ouuroirs
plus grand nombre que chacun vne eſtille ouurant deſdites ſarges,
leur enioignons eux en deffaire en dedans la quinzaine, ſur pareille
amende, & a appliquer comme deſſus.

16

Item, ſur la meſme peine deffendons à tous leſdits ſayeteurs de
bailler les vns aux autres à beſongner pour faire leſdites ſarges és
maiſons des vns des autres.

17

Item, enioignons aux Foullons qui entreprendront de fouller
leſdites ſarges d'icelles fouller debout bien & ſuffiſamment, afin
qu'elles puiſſent reuenir en leur largeur. Et à la fois ne pourront
fouller que deux ſarges au plus : a quoy faire ils ſeront pour le moins
quatre heures, & s'ils voient que leſdites ſarges ſoient diminuees en

largeur audit foüllage, leur enioignons les bargier par les lizieres, afin qu'elles reuiennent en leur largeur. Et quant aux ſarges qui ſeront pour demeurer en blanc, leur enioignons les fouller en ſablon: le tout en peine de ſoixante ſols pariſis d'amende pour chacune piece, dont l'accuſateur aura vn tiers.

18

Item au regard de celles qui ſont taintes en noir, leur ſera baillé du guelde ſelon l'eſchantillon qu'il en ſera fait, & égardé par les ferreurs en guelde, ſur pareille peine que deſſus.

19

Item ne les fera le tainturier en noir boüillir ſi longuement que les demy oſtades, par ce qu'elles ne requierent boüillir ſi longuement ſur les rolleaux, ſur pareille peine.

20

Item ſeront tenus les courroyeurs, tant en blanc, que ſur le noir, auparauant rendre aux marchands leſdites ſarges, les apporter ſur les halles, que l'on dict les halles en noir, pour eſtre égardees & viſitees par les Egards, & par eux ferrees, ſi elles ſont trouuees bien faites, ſuiuies & aſſorties ſuffiſamment, ayans leurs longueurs & largeurs, & eſtans bien taintes & accouſtrees, ſinon en eſtre faite la correction & punition de celuy ou ceux qui ſe trouuerront auoir failly & mal verſé.

Tous les autres articles dudit brief, ſtatut & reglement demeurans en leur force & vertu.

Publié a ſon de trompe & cry public par les carrefours S. Martin au bourg, du grand marché, de la belle croix, ſaint Sulpice & ſaint Fremin a la pierre, le Samedy douzieſme iour d'Avril l'an mil cinq ſoixante ſix.

DE PAR LES MAIEVR, PREVOST
ET ESCHEVINS DE LA VILLE ET
Cité d'Amiens.

Comme ainſi ſoit que ayans entendu & cogneu par effect que pluſieurs fraudes & malverſations ſe commettoient en la manufacture des pieces d'ouurage du meſtier de ſayeterie, qui ſe font en

ceftedite Ville ̃, & que lefdites fraudes & malverfations eftoient
caufe de la ruine, pauureté & mendicité de la plus grand part des
fayeteurs d'icelle Ville, & de plufieurs autres qui fouloient viure
honneftement dudit eftat, ayons puis peu de temps en ça par aduis
de plufieurs marchands de fatins de ladite Ville, des Egards fayeteurs tant fur l'eftille, fur le guelde que fur le noir des foullons courroyeurs, tainturiers calendreurs & grand nombre defdits fayeteurs,
fait plufieurs bonnes Ordonnances, inioinctions & deffences pour
le bien & vtilité publique, & pour remettre ladite marchandife en la
plus grande reputation & renom qu'elle fut iamais, lefquelles Ordonnances aurions fait publier afon de trompe & cry public parles carrefours ordinaires & lieux accouftumez de ladite Ville, & enioinct
aufdits marchands fayeteurs & autres a qui la chofe touchoit, d'i-
celles garder & obferuer fur les peines y contenuës : neantmoins le
iour d'hyer, qui eftoit le premier iour que ledit reglement deuoit
commencer à auoir lieu, aucuns mutins & feditieux fayeteurs &
femmes de fayeteurs tous ennemis du repos public qui font ceux qui
apparamment le paffé ont commis plufieurs fautes & larcins en leurs
pieces d'ouurage dudit meftier, voyans que la voye de defrober en
ce regard leur eftoit du tout coupee auroient commencé a eux mutiner & efmouuoir en diuers endroits de la Ville & vfé enuers plufieurs de menaces & propos feditieux & fait plufieurs excés aux
aulneurs par nous commis, pour aulner en blanc lefdites pieces d'ouurage eftimans par leurs audaces & haut cris faire retracter & abolir
lefdites Ordonnances, defquels mutins & feditieux auons bonne en-
uie faire de brief punition exemplaire, a la conferuation du repos
public & obferuation defdites Ordonnances, lefquelles nous commandons d'abondant tref expreffement a tous lefdits marchands
fayeteurs, Egards aulneurs, foullons, calendreurs courroyeurs, tainturiers & tous autres a qui elles touchent de garder, entretenir &
obferuer en tous & chacuns les points y contenus fur les peines y declarees, fans efperance d'aucune moderation.

   Au furplus faifons deffences a tous lefdits fayeteurs & a toutes
autres perfonnes d'eux mutiner ne efmouuoir aucunement a raifon
defdites Ordonnances, ny pour raifon d'icelles faire aucuns mono-
polles ny affemblees quelconques en façon qui ce foit, ny empefcher les vngs les autres d'apporter ferrer leurs pieces d'ouurage en

blanc és halles de ladite Ville, le tout en peine d'estre pendus &
estranglez, & sans forme ne figure de proces.

Publié a son de trompe & cry public par les carrefours & lieux accouftumez à faire crys & proclamations en ladite Ville, le vingt-
deuxiesme iour de May, mil cinq cens soixante six.

DE PAR LES MAIEVR, PREVOST
ET Eschevins de la Ville et
Cité d'Amiens.

COmme par les status & briefs du meftier & eftat de fayeterie
de cefte Ville d'Amiens pour le bien, profit & vtilité d'icelle
foit expreffement prohibé & deffendu a tous maiftres fayeteurs de
ladite Ville de tenir & auoir en leurs maifons & ouuroirs chacun
plus d'vne eftille pour faire nouuelles ouurages dudit eftat de fayeterie, fur peine de foixante fols parifis d'amende, & qu'a l'occafion
que par plufieurs fayeteurs eftoit contreuenu aufdits briefs, icelle
Ordonnance ait efté reiterée a fon de trompe & cry public au mois
d'Aouft mil cinq cens foixante cinq. Et que depuis ce temps & au
mois de Decembre enfuiuant & dernier paffé monfieur le Bailly
d'Amiens ou fon Lieutenant ait en affemblée par luy tenuë d'aucuns
habitans de la Ville pour donner ordre fur le fait des pauures d'icelle,
ordonné & permis aufdits maiftres fayeteurs en confideration de la
calamité du temps d'auoir & tenir en leurs maifons depuis ledit
temps iufques au premier iour de ce prefent mois d'Aouft chacun
deux eftilles pour faire lefdites nouuelles ouurages de fayeterie,
dont routef-fois aucuns defdits maiftres fayeteurs ne fe feroient con-
tentez, d'autant qu'ils auroient eu comme encores ont en leurfdites
maifons trois, quatre & cinq eftilles pour faire lefdites nouuelles ouurages de fayeterie. Mefmes a ce qu'auons entendu veulent rendre
inutile certaine Ordonnance par nous faite depuis trois mois ença
pour la manufacture des farges façon d'Afcot qui nouuellement fe
font en ceftedite Ville : par ce que au preiudice d'icelle, par laquelle
il ne leur eft permis de befonguer qu'a vne eftille defdites farges, ils
n'ont toutefois laiffé d'en auoir & tenir en leurs maifons deux, trois,
quatre ou cinq. Et encores ne fe contentans de ce, baillent iournel-

lement a faire defdites farges & autres pieces de fayeterie à aucuns
ouuriers befongnans ailleurs & hors leurs maifons , ce que auffi eft
expreffement deffendu par icelle noftre Ordonnance : cequi a efté le
paffé vne des principalles caufes de la ruyne & pauureté de plufieurs
lefdits fayeteurs. Pour a quoy remedier , & attendu que le temps
donné aufdits maiftres fayeteurs de pouuoir tenir deux eftilles pour
faire lefdites nouuelles ouurages eft expiré des le premier iour de ce
mois, Auons en reiterant lefdits briefs & ftatuts, & lesOrdonnances
par nous cy deuant faites, & fur la requefte a nous faite par plufieurs
maiftres fayeteurs, inrerdit, prohibé & deffendu, interdifons, prohi-
bons & deffendons a tous maiftres fayeteurs de tenir & auoir en
leurs maifons plus d'vne eftille pour faire lefdites nouuelles ouurages de fayeterie, comme fatins changeans , fatins camelots , fatins
damaffez, royez, alezardez, a carreaux , a bourdons & autres femblables efpeces de fayeterie nouuellement inuentees , & qu'icy apres
fe pourront inuenter. Enfemble d'auoir & tenir en leurs maifons plus
d'vne eftille pour faire defdites farges , façon d'Afcot , & de bailler
a befongner dudit meftier aux ouuriers befongnans hors leurs maifons, le tout en peine de foixante fols parifis d'amende, a appliquer
les deux tiers a ladite Ville, & l'autre tiers a l'accufateur. Et fi aucuns defdits maiftres fayeteurs ont pour le iourd'huy en leurs maifons plus d'vne eftille chargee defdites nouuelles ouurages de fayeterie & farges, leur enioignons icelles acheuer & eux en deffaire &
defcharger lefdites eftilles en dedans la huitaine d'huy, pour au plus
tard, fur pareille peine & amende que deffus.

Publié a fon de trompe & cry public par les carrefours & lieux
accouftumez à faire crys & proclamations en ladite Ville, le troifiefme iour d'Aouft mil cinq cens foixante-fix.

DE PAR LES MAIEVR, PREVOST
ET ESCHEVINS, DE LA VILLE ET
Cité d'Amiens.

COmbien que par les briefs , ftatuts & reglement du meftier &
Eftat de fayeterie en cefte Ville d'Amiens, reiteré a fon de
trompe & cry public le troifiefme iour d'Aouft dernier paffé, foit

expreſſement prohibé & deffendu a tous maiſtres ſayeteurs de ladite
Ville, de tenir & auoir en leurs maiſons & ouuroirs chacun plus d'v-
ne eſtille pour faire nouuelles ouurages dudit eſtat de ſayeterie, &
auſſi de tenir plus d'vne eſtille pour faire ſarges façon d'Aſcot, & de
bailler a beſonguer dudit meſtier aux ouuriers beſongnans hors leurs
maiſons, en peine de ſoixante ſols pariſis d'amende. Neantmoins
nous auons eſté aduertis que depuis ſix ſémaines ou deux mois aucuns ſayeteurs ſouz pretexte qu'aucuns d'iceux nous ont preſenté
requeſte a ce qu'il leur fuſt permis ouurer deſdits ouurages de noua-
lité a deux eſtilles. Et ſans attendre noſtre reſolution ſur icelle, &
ſur autres requeſtes a nous preſentees par pluſieurs ſayeteurs, a ce
qu'il ne fuſt rien changé ne mué de leur reglement, ſe ſont ingerez
& ont entreprins au preiudice dudit reglement, de tenir en leurs maiſons deux, trois & quatre eſtilles deſdites nouuelles ouurages dudit
meſtier de ſayeterie. Et qui pis eſt, aucuns contre leur aduis & iceluy
reglement ont en leurs maiſons plus d'vne eſtille ouurant leſdites
ſarges façon d'Aſcot : meſmes pluſieurs baillent iournellement a
beſongner des ouurages dudit meſtier aux ouuriers beſongnans hors
leurs maiſons, dont nous auons receu pluſieurs plaintes. Pour a quoy
pourvoir & remedier, ouy ſur ce le Procureur pour Office de ladite
Ville, en attendant que nous ayons ouy ceux qui ſont a ouyr auant
ſien changer & muer d'iceluy reglement & tant que autrement par
nous en ſoit ordonné, Nous auons enioint & enioignons a tous leſdits ſayteurs de garder & obſeruer ledit reglement de point en point,
& ſuiuant iceluy leur deffendons de tenir & auoir en leurs maiſons
plus d'vne eſtille pour faire leſdites nouuelles ouurages de ſayeterie,
inuentees & a inuenter, & pareillement d'auoir & tenir en leurs
maiſons plus d'vne eſtille pour faire leſdites ſarges façon d'Aſcot, &
de bailler a beſongner ouurages dudit meſtier aux ouuriers beſongnans hors leurs maiſons, le tout en peine de ſoixante ſols pariſis d'a-
mende, a appliquer les deux tiers a ladite Ville, & l'autre tiers aux
Egards ou accuſateurs : & ſi aucuns deſdits maiſtres ſayeteurs ont
pour le iourd'huy en leurs maiſons plus d'vne eſtille chargee deſdites nouuelles ouurages de ſayeterie & ſarges, leur enioignons
icelles acheuer & eux en deffaire & deſcharger leſdites eſtilles en
dedans le premier iour de Mars prochain, ſur pareille amende que
deſſus.

Publié a son de trompe & cry public par les carrefours & lieux accouftumez a faire cris & publications en ladite Ville , le vingt-deu-
ziefme iour de Février l'an mil cinq cens soixante sept , datte renouuellee suiuant l'edit.

DE PAR LE MAIEVR ; PREVOST
ET ESCHEVINS DE LA VILLE ET
Cité d Amiens.

COmbien que par les briefs , ftatuts & reglement du meftier &
Eftat de fayeterie en cefte Ville d'Amiens, reiteré par plufieurs
fois a fon de trompe & cry public , fpeciallement les troifiefme &
vingt-deuxiefme de Février derniers paffez , foit expreffement prohibé & deffendu a tous maiftres fayeteurs de ladite Ville de tenir &
auoir en leurs maifons & ouuroirs chacun plus d'vne eftille pour
faire nouuelles ouurages dudit eftat , & auffi de tenir plus d'vne
eftille pour faire farges façon d'Afcot , & de bailler a befongner aux
ouuriers befongnans hors leurs maifons en peine de foixante fols parifis d'amende : neantmoins & au preiudice defdits ftatut, reglement
& Ordonnance aucuns maiftres fayeteurs pertubateurs du repos public fe font ingerez & chacun iour tiennent & befongnent en leurs
maifons a deux , trois & quatre eftilles defdites nouuelles ouurages
dudit meftier de fayeterie, mefmes defdites farges façon d'Afcot , &
d'auantage en baillent & font befongner par aucuns ouuriers befongnans hors leurs maifons, dont nous receuons chacun iour plufieurs
plaintes. A ces caufes,& pour pouruoir à ce que deffus, en reiterant
lefdirs Briefs, Statuts & Ordonnances, enioignons & commandons
a tous lefdits Maiftres Sayeteurs de iceux garder, obferuer & entretenir de point en point, & fuyuant iceux , leur deffendons de tenir
en leurs maifons plus d'vne eftille pour faire lefdites nouuells ouurages de fayeterie inuentees & à inuenter, & d'auoir & tenir auffi plus
d'vne eftille pour faire lefdites farges façon d'Afcot, & de bailler à
befongner aux ouuriers be fongnans hors leurs maifons , le tout en
peine de foixante fols parifis d'amende , à appliquer les deux tiers à
ladite Ville & l'autre tiers aux Egards ou accufateurs.

                                                        Publié

Publié a son de trompe & cry public par les carrefours & lieux
accoustumez a faire criz & publications en la Ville d'Amiens & en
la place du marché au file, iceluy tenant, le Vendredy second iour
de May mil cinq cens soixante sept.

DE PAR LES MAIEVR, PREVOST,
ET ESCHEVINS DE LA VILLE ET
Cité d'Amiens.

COmbien que par les reglement de la sayeterie de ceste Ville
soit expressement prohibé & deffendu aux marchands estran-
gers de transporter hors ladite Ville les sayes, satins qu'ils y auront
achetez en blanc de la manufacture des ouvriers d'icelle Ville que
premierement elles n'ayent esté taintes, appointees, scellées &
marquees du fer de ladite Ville, sur peine d'amende & de confiscation desdites pieces : neantmoins ayant esté deuëment informez
que la plus part des marchands de satins d'icelle Ville pour n'auoir
moyens, a raison des troubles, de receuoir les deniers qui leur sont
deuz en diuers endroits pour ladite marchandise, & pour n'en auoir
telle diligence & depesche qu'ils auoient du temps pacifique, s'ab-
stiennent le plus souuent d'acheter des sayeteurs leurs pieces d'ouurages. Dont en brief lesdits pauures sayeteurs pourroient receuoir
grand perte & ruine. Et ayans d'autre part entendu que plusieurs
marchands forains desireroient fort faire achat en blanc en ceste dite
Ville d'vn bon nombre desdites pieces de sayeterie, pourueu qu'il
leur fut permis les transporter en blanc hors d'icelle Ville sans les
astraindre a les faire taindre & appointer en ladite Ville, mesmes que
il offrent payer a ladite Ville, le droit d'ayde accoustumé auec tous
les droits d'esgardise, comme si lesdites pieces auoient esté taintes &
appointees en icelle Ville. Apres auoir le tout mis en deliberation
en nostre Escheuinage, consideré le temps & l'importance du fait
auons par prouision & iusques a nostre volonté & rappel permis &
permettons a toutes personnes d'acheter en blanc en ladite Ville
toutes pieces d'ouurage de sayeterie & de les transporter hors d'i-
celle Ville où bon leur semblera sans estre taintes & appointees, &
neantmoins ne pourront icelles acheter qu'elles ne portent le plomb

H

de l'eftille & de l'aulnage en blanc: & fi ne pourront icelles mettre
en caffes, fardeaux ou balots, & les tranfporter & emmener hors de
ladite Ville, qu'elles ne foient vifitees & ferrees par les égards en
noir pour teftifier de la bonté d'icelles & qu'ils n'ayent payé le droit
de l'ayde d'icelle Ville auec tous les droits d'égardife & vifitation
comme fi elles auoient efté taintes & accouftrees en ladite Ville,
fur peine de foixante fols parifis d'amende pour chacune piece, &
de confifcation defdites pieces, dont l'accufateur aura vn tiers.

Publié a fon de trompe & cry public par les carrefours accouftumez & au marché au filé durant iceluy, le Vendredy treiziefme iour
de Février, l'an mil cinq cens foixante huict.

DE PAR LES MAIEVR, PREVOST
ET ESCHEVINS, DE LA VILLE ET
Cité d'Amiens.

SVr ce que les maiftres Egards & ferreurs du meftier de fayeterie
& le corps dudit meftier nous ont dés long temps a prefenté requefte en noftre Efcheuinage, contenant que les maiftres tifferants
defdraps d'icelle Ville s'ingeroient de faire chacun iour de la nouuelle marchandife que l'on appelle baye, qui fe fait, affauoir la chaine de fil fec & l'enfleure de fil gras, combien que par les reglemens
dudit eftat de tifferant il leur fut prohibé de mettre en œuure aucun
fil fec, & d'auantage vouloient empefcher lefdits maiftres fayeteurs
de faire lefdites bayes au moyen qu'il y entroit du fil gras combien
que la fondation defdites bayes qui eft la chaine fut de fil fec que
l'on dit fil de faiette, nous requeroient partant lefdits fayeteurs qu'il
leur fut permis faire lefdites bayes & non aufdits tifferants, lefquels
n'eftoient en ce ouuriers & ne fçauoient faire lefdites bayes du
moins la plus part d'entre eux, ioint melmement que par les briefs
dudit eftat de fayeterie il eftoit par expres deffendu a toutes perfonnes s'ils n'eftoient maiftres fayeteurs d'acheter en icelle Ville aucun
fil de faiette, requerants outre lefdits fayeteurs qu'il leur fut permis,
de pouuoir tiltre de la laine graffe dedans les farges qu'ils faifoient
le tout pour le bien public de ladite Ville, en laquelle a cefte occa-

tion demeureroient de grands deniers qui se portent a Ippre, Poupe-
rine, Ascot & autres Villes de par delà, où se fait grand nombre de
semblable marchandise. Et de la part desdits maistres tisserans, en
respondant sur ladite requeste a eux communiquee par nostre Ordonnance, nous auroit esté dit & remonstré qu'il n'appartenoit aucunement ausdits sayeteurs a faire lesdites bayes & sarges meslees de
fil gras que l'on dit sarges drappees, ains ausdits maistres tisserants,
parce que c'estoit drapperie & non sayeterie, d'autant qu'il y entroit
beaucoup plus de fil gras que de sec, attendu que lesdits sayeteurs
par leurs reglemens mesmes ne pourront nullement mettre en œuure aucun fil gras, confessans bien lesdits tisserans qu'il leur estoit
aussi interdit de besongner de fil sec. Mais ce qu'ils en vsoient esdites
chaines estoit pour faire meilleure marchandise ainsi que és Villes de
par delà. Et aussi ledit fil sec estoit si gros qu'il ne pouuoit aucunement seruir ausdits sayeteurs, & s'il n'estoit mis en œuure par iceux
tisserants ne pourroit seruir qu'a faire rubens, passement & esguil-
lettes, requerants tant lesdits sayeteurs que tisserants, longueur,
largeur, compte de fil & esgardize y estre establis. Veu lequel different auec les briefs desdits mestiers & sur le tout prins les aduis de
plusieurs marchands de satins & drappiers d'icelle Ville. Et ouy le
procureur pour Office de ladite Ville auquel le tout a esté communiqué, & tout consideré a meure & grande deliberation de conseil en
nostre Escheuinage, attendu la qualité du temps & les troubles qui
regnent, Auons ordonné & ordonnons que lesdits sayeteurs & tisserants se tiendront respectiuement chacun à leur estat, que le sayeteur
ne meslera en son ouurage aucun fil gras, ny le tisserant de draps aucun fil sec en ses pieces d'œuure, & qu'ils garderont chacun d'eux
respectiuement leurs briefs, statuts & Ordonnances, sans y contreuenir ny entreprendre les vns sur les autres, sur peine de soixante
sols parisis d'amende. Neantmoins pour ce que plusieurs desdits
sayeteurs & tisserants ont commencé quelques vnes desdites pieces
d'ouurages ainsi entremeslees de gras & de sec, leur ordonnons icelles acheuer en dedans la quinzaine, sans cependant en charger aucunes nouuelles estilles, sur semblable peine de soixante sols parisis.
Et d'autant que lesdits sayeteurs par leur seconde requeste dient &
maintiennent que lesdites pieces d'œuure se peuuent bien faire tout
de sec sans y mesler du gras, & aussi que parauant lesdites noualitez

H ij

lefdits tifferants en faifoient tout de gras fans y mettre du fec, &
qu'il eft bien raifonnable y mettre efgardize, longueur, largeur, &
nombre de filz. Auons ordonné fuiuant leurs aduis, que lefdites pieces à ouurage ores qu'elles foient tout de gras ou tout de fec, feront
faites de la largeur d'vne aulne demy quart, aulne de Roy fur l'eftille, pour reuenir à la largeur d'vne aulne de Roy, lors qu'elles feront
foulees, parees & accouftrees, & en la longueur de vingt aulnes de
Roy pour le moins, & fera en compte la baye de vnze cens filz, &
les larges de dix-huit cens filz. Et ne pourront les façonneurs les faire en moindre compte, longueur & largeur, en peine de foixante
fols parifis d'amende. Bien les pourront faire plus longues & plus
larges fi bon leur plaift. Item les pieces qui feront façonnees de fil
gras par les tifferans, feront vifitees, marquees & ferrees par les
Egards tifferants, ainfi que les autres pieces de drapperie, & celles
qui feront faites des fayeteurs par les Egards fayeteurs, ainfi que les
autres pieces de fayeterie, le tout iufques à noftre volonté & rapel
au dernier iour de Septembre mil cinq cens foixante huit en l'Efcheuinage d'Amiens.

DE PAR LES MAIEVR, PREVOST
ET ESCHEVINS DE LA VILLE ET
Cité d'Amiens.

SVR ce que les Egards ferreurs des fayes, larges & fatins fur le
foullage en cefte Ville d'Amiens, nous auroient des piega prefenté requefte en noftre Efcheuinage, contenant que combien que
par le reglement par nous fait au mois d'Auril mil cinq cens foixante fix, fur la longueur, largeur, compte & nombre de filz que
doiuent auoir les larges qui fe font en cefte Ville de la façon de celles
d'Afcor, enfemble fur la façon & maniere de les fouler & accouftrer, foit expreffement porté que la piece de farge doibt contenir en
longueur vingt & vn aulnes, aulne de Roy en blanc venant de le-
ftille, de la largeur d'vne aulne & vn douzielme, auffi aulné entre deux
gardes, & venant de l'eftille, & en vingt deux cens en nombre de
filz, pour reuenir toute paree & accouftree en la longueur de vingt
aulnes de Roy, & vne aulne de large, & que lefdites larges doiuent

estre bien & suffisamment foullees au pied, puis bargiees par les lizieres, a ce qu'elles puissent reuenir en leur longueur & largeur.
Toutesfois plusieurs marchands de ceste Ville pour leur profit particulier, & sans auoir égard à la reputation de ladite Ville, où s'est tousiours faite bonne & loyale marchandise de l'estat de layeterie,
auoient trouué vne inuention depuis peu de temps de faire fouller
sur le fort icelles sarges au moulin hors ceste Ville, afin qu'icelles sarges apparussent plus fortes & meilleures & lesquelles par ce moyen ne
contenoient plus que dixsept ou dixhuit aulnes de long, & si dimi-
nuoient plus d'vn grand quartier sur la largeur, dont plusieurs marchands forains estoient deceuz & trompez, estimans que lesdites pieces contenoient vingt aulnes de long suruant ledit reglement : qui
estoit cause que lesdits marchands forains delaissoient de faire leurs
achats en ceste Ville, & s'en alloient pour ce faire és Villes de Ippre
Alcot & Pouperaine au pays de pardelà, au grand scandal & des-
honneur de cestedite Ville, & a la perte & ruine des pauures laye-
teurs. Ce consideré & aussi que par le reglement dudit estat de layeterie il estoit expressement deffendu de transporter hors de ceste
Ville aucunes pieces de sayeterie, qu'elles ne fussent entierement
parees & accoustrees, ioint que portant lesdites sarges pour fouler
au moulin hors la Ville, iceux marchands pourroient y mesler les
sarges, qui se font par plusieurs sayereurs demeurans a Conty, Moüy,
Ailly, & en plusieurs autres villages d'icy au tour, lesquelles ils
pourroient acheter, & faire accoustrer en cestedite Ville, ce qui
estoit pareillement prohibé & deffendu par le reglement, nous requeroient qu'il nous pleut ordonner que ledit reglement seroit gardé & obserué, & en ce faisant faire deffences ausdits marchands, & a
tous autres de plus faire fouler au moulin aucunes desdites sarges, &
ausdits Egards sur les halles en noir, d'en ferrer aucunes qu'elles
n'eussent la longueur & largeur porté par iceluy reglement sur telles peines qu'il nous plairoit arbitrer. Et au surplus qu'il leur fust
permis d'aller par les maisons des marchands, pour faire perquisition
& recherche des sarges qu'ils auroient en moindre longueur & largeur que dessus, pour estre apportees en nostre Hostel commun, &
en faire par nous ainsi que trouuerons estre de raison. Auant faire
droit sur laquelle requeste, auons ordonné que nous assemblerions
douze marchands de satins de ceste Ville, le six Egards ferreurs en

blanc fur l'eftille , les fix auneurs en blanc , lefdits Egards fur le foullage , les fix Egards en noir , les quatre maiftres de la Confrairie de
la fayeterie & vne douzaine des plus anciens & fuffifans maiftres
fayeteurs, pour auoir leur aduis fur le contenu en ladite requefte , &
ce fair y pourvoir par nous comme de raifon , ce qui auroit efté par
nous executé, & fur ce auroient efté pris les aduis particulierement
defdits marchands, Egards auneurs, maiftres de confrairies, & fayeteurs. Sçauoir faifons , que veuës lefdites requeftes & aduis a meure
& grande deliberation de confeil en noftre Efcheuinage pour le
bien , profit & honneur de ladite Ville. Auons ordonné & ordonnons que noftredit reglement du mois d'Avril , mil cinq cens foixante fix, touchant la longueur, largeur, compte & nombre de filz,
foullage & accouftrages defdites farges , tiendra & fera executé de
point en point , felon fa forme & teneur , & que toutes les farges
qui fe feront par les fayeteurs de ladite Ville , feront foulees a l'aduenir au pied, reuenant a vingt aulnes de Roy de long, & vne de large , paree & accouftree , faifant deffences aux marchands de ladite
Ville, & a tous autres de faire plus fouler au moulin aucunes defdites
farges, pour obuier aufdites fraudes & deceptions qui fe pourroient
commettre en cefte partie , fur peine de foixante fols parifis d'a-
mende pour chacune piece que l'on trouuera y auoir efté foulee, enioignant tres eftroitement aufdits Egards fur l'eftille , auneurs en
blanc, Egards fur le foulage , & audits Egards en noir , faire deuoir
de vifiter diligemment chacun en leur regard toutes pieces de fayeterie, & d'obferuer entierement les briefs , ftatuts & reglement dudict meftier fans y commettre aucune faute, fur les peines y contenuës , ou d'autres plus grandes peines fi le cas y efchet. Et pour ce
que aucuns marchands peuuent auoir a prefent en leurs poffeffions
aucunes defdites farges foulees au moulin, n'eftans de longueur &
largeur contenu audit reglement. Nous leur enioignons icelles vendre & eux en deffaire en quelque forte que ce foit endedans la quinzaine d'huy pour tous delaiz , fur peine de foixante fols parifis d'a-
mende pour chacune piece qui fera trouuée en leur poffeffion ledit
iour paffé. Et au furplus fuyuant l'aduis de ladite affemblee , Nous
auons fait & faifons deffences a tous fayeteurs de ladite Ville de
faire aucunes farges où y ait du fil de faiette fimple , & du fil de
faiette double meflez enfemble. Ains leur enioignons les faire tout

fil ſimple, ou tout de fil double, ſur peine de quarante ſols pariſis
d'amende.

Et ſi faiſons deffences ſuyuant leſdits briefs a toutes perſonnes de
tranſporter hors ladite Ville aucunes pieces de ſayeterie que premierement elles ne ſoient taintes, appointees, ſeellees & marquees
du fer des Egards d'icelle Ville, en peine de confiſcation deſdites
pieces, & de ſoixante ſols pariſis d'amende, nonobſtant noſtre Ordonnance publiée le vingt-troiſieſme Février, mil cinq cens ſoixante
huit, que nous auons reuoqué & rappellé, reuoquons & rappellons
pour pluſieurs iuſtes cauſes a ce nous mouuans. Et ordonnons que ce
que deſſus ſera leu & publié par les carrefours ordinaires de ladite
Ville a ſon de trompe & cry public a ce que aucun n'en pretende
cauſe d'ignorance. Fait, conclu & arreſté en noſtre Eſcheuinage, le
Ieudy vingt-cinquieſme iour d'Aouſt mil cinq cens ſoixante-neuf.

Publié a ſon de trompe & cry public par les carrefours ordinaires
accouſtumez a faire cris & proclamations en ladite Ville, & au marché au filé iceluy ſeant, le Samedy vingt-ſeptieſme iour dudit mois
d'Aouſt, mil cinq cens ſoixante neuf.

DE PAR LES MAIEVR, PREVOST
ET ESCHEVINS DE LA VILLE ET
Cité d'Amiens.

EN reiterant certains articles de briefs ſtatuz & reglement de l'e-
ſtat de ſayeterie de ladite Ville, pour le bien, profit & vtilité
du public, auons ordonné que toutes pieces de ſayeterie ſeront faites
de filé ſuyuable & raiſonnablemēt aſſorty, ſur peine d'eſtre coupees,
le bon d'vn coſté & le mauuais de l'autre, où y auroit faute notable.
Leſquelles pieces ainſi coupees, ſeront renduës aux acheteurs &
demeureront en leurs charges, pour les vendre en deſtail ou autrement en faire leur profit, ſans toutesfois les pouuoir empacqueter &
enuoyer hors de ladite Ville auec l'autre marchandiſe non iuſticee.
Et neantmoins le ſayeteur ouurier eſcherra pour la premiere fois en
vingt ſols pariſis d'amende, à appliquer la moitié à la Ville &
l'autre moitié a l'égard en noir ou accuſateur, pour la ſeconde fois

d'amende arbitraire, & pour la tierce de suspension de son mestier.

Si deffendons à tous Sayeteurs de faire à chacun bout de leur piece
d'œuure plus longue queuë que d'vn demy quartier & demy baston
aulne de Roy, reuenans au quartier, aulne d'Amiens, ny de laisser la
pienne plus longue que de trois quartiers à ladite aulne d'Amiens, &
plus longues ne les pourront coupper, a peine d'encourir en amende
de soixante sols parisis, pour le fait de la pienne, a appliquer les quarante sols au profit de la Ville, & les vingt sols aux Egards. Et pour
chacun desdits bouts de vingt sols, la moitié à la Ville & l'autre aux
Egards ou accusateurs.

Et afin que les marchands qui achetent ordinairement lesdites
pieces d'ouurage puissent plus certainement cognoistre la bonté ou
deffection qui y est, & si elles sont faites de filé suiuable raisonnablement assorty, Ordonnons que lesdits sayeteurs exposans en vente
toutes pieces de sayeterie seront tenuz le plier par tel party que l'a-
cheteur puisse veoir les deux entrebades, l'vne par dehors la piece
& l'autre par dedans, leur deffendans de y faire aucuns plis fourrez,
sur peine de chacun des cas de dix sols parisis d'amende a appliquer
la moitié a la Ville, & l'autre moitié a l'accusateur.

Et sur semblable peine enioignons ausdits sayeteurs qui voudront
vendre leursdites pieces, soit de couleur tainte, ou en blanc, de les
plier & fauder de la longueur d'vne aulne d'Amiens, sans y faire ny
cacher aucuns demy-plis, sauf pour le regard des sayes, sarges, satins communs & satins larges, qu'ils plieront en la maniere accoustumee, & dont toutesfois l'on pourra voir les deux entrebades. Pareillement enioignons aux marchands de retenir les pieces que les
sayeteurs leur ietteront en vente, lesquelles seront autrement pliees
& faudees que dit est, & où y aura aucuns plis cachez & fourrez, &
de les apporter ou enuoyer incontinent a Iustice. Sur peine de dix
sols parisis d'amende, la moitié a la Ville & l'autre a l'accusateur.

En enioignant tres-expressement a tous sayeteurs de garder &
obseruer les articles susdits, & pareillement tous les autres articles
contenuz en leurs briefs, statuts & reglemens. Et a tous les aulneurs,
Egards & ferreurs par nous ordonnez sur ledit estat de sayeterie, faire deuoir & tenir la main a l'obseruation d'iceux, sans en abuser ny y
vser de dissimulation ou conniuences, sur les peines y contenuës,
dont ne leur sera faite a l'aduenir aucune diminution ou moderation.

Publié

Publié à son de trompe & cry public par les carrefours ordinaires
& accouftumez à faire cris & proclamations en ladite Ville & au
marché au filé le Samedy onzieme iour de Février, l'an mil cinq cens
foixante dix.

DE PAR LES MAIEVR, PREVOST
ET ESCHEVINS, DE LA VILLE ET
Cité d'Amiens.

SVR les plaintes & doleances à Nous faites par plufieurs marchands tant habitans que forains achetans ordinairement la
marchandife de fayeterie qui fefait en cette ville, que audit eftat de
fayeterie fe commettent plufieurs abus par les Sayeteurs, lefquels
faifoient ordinairement plufieurs camelots eftroits & en petit nôbre
& compte de fils les vns beaucoup plus que les autres, d'autant que
tel ouurage eftoit inuenté depuis le reglement eftably fur ledit eftat,
aufli que les marchands de cefte Ville n'y ayans achepté les camelots
que l'on nomme gros grains vnze aulnes & demie bafton & demy,
aulne de Roy, reuenans à dixneuf aulnes d'Amiens, fuiuant ledit reglement : font par apres accouftrer & tirer lefdits camelots fur la
largeur plutoft que fur la longueur, ainfi que les defirent les marchands forains, afin qu'ils paroiffent plus beaux & luifans appro-
chans le camelot de Turquie, & qu'ils foient de plus grande durèe:
tellement que tous taints & accouftrez ils ne reuiennent le plu-
fouuent qu'a dixhuit aulnes d'Amiens. En quoy les marchands forains & detailleurs font bien fouuent deceuz, ne trouuant au detailler telle longueur efdites pieces qu'ils eftiment, où ils font encores
plus grandement trompez fur les larges façon d'Afcot qui fe font en
ladite Ville, dont lefdits marchands font fouller grande partie au
moulin & fur le fert, felon que le requierent plufieurs marchands
forains, afin d'eftre mieux degreffez, plus efpoiffez, & de plus grande durèe, lefquelles ne reuiennent quelquefois que à dix fept, dixhuit & dix-neuf aulnes de Roy taintes & accouftrées, au lieu qu'elles doiueut reuenir à vingt aulnes de Roy fuiuant noftre Reglement:
que les Efgards ferreurs en blanc fur l'eftille ne faifoient leur devoir
d'aller chacun iour ferrer fur l'eftille lefdites pieces de fayeterie, &

I

que y allans trouuans les pieces imparfaites à vn quartier, demie
aune ou vne aune prez ne les pouuoient ferrer, tellement qu'il con-
uenoit que lesdits Sayeteurs laiffaffent a leur grand intereft & commodité leurs pieces fur leurs eftilles iufques au lendemain, ou bien
pour auoir moyen de vendre ce mefme iour, contreuenans audit Reglement les leuoient hors de l'eftille & les portoient ferrer és maifons defdits ferreurs en blanc, en quoy fe commettroient plufieurs
abus, en ce que bien fouuent lefdits ferreurs ferroient en leurfdites
maifons plufieurs pieces qui auoient efté faites hors de ceftedite
Ville. Pareillement que les Sayeteurs que nous commettons de trois
mois en trois mois, ou de fix mois en fix mois pour aulner fur le
blanc fefdites pieces de fayeterie, fauorifoient leurs compagnons
fayeteurs forains du plomb de l'aulnage, plufieurs de leurs pieces
plus courtes que ne le contient ledit Reglement, fouz efperance &
promeffe d'eftre de mefme fauorifez, lors qu'ils feroient hors defdites charges. Ce qui ne fe pouuoit bonnement defcouurir en Iuftice,
& neantmoins fe trouuera chacun iour grand nombre de pieces courtes le fer de l'aulnage, a quoy eftoit befoing, pourveoir pour le bien
public de ladite Ville, Aurions fait diuerfes affemblees, & fur le
tout ouy particulierement plufieurs defdits marchands, Egards fur
leblanc, fur le guelde, fur le foullage & fur le noir : les maiftres de
la Confrairie, & quelques vns des principaux des maiftres fayeteurs
d'icelle Ville : en forte que le tout meurement veu & confideré en
noftre Efcheuinage, auons par prouifion, & tant qu'autrement par
nous enfera ordonné, fuiuant la requefte & confentement du Procureur pour Office de ladite Ville, auquel le tout a efté communiqué,
fait & faifons deffences a tous les fayeteurs de ladite Ville, de faire
aucuns camelots en moindre compte de dixneuf buhots & trente
cinq portees, chacune portee contenant trente huit filz, pour reuenir
à treize cens trente filz : & à moindre longueur que d'vnze aulnes &
demie, batton & demy, aulne de Roy, reuenans a dixneuf aulnes
d'Amiens, dont l'on vfoit anciennement, en peine d'amende arbitraire.

Permettons aux marchands & a tous autres faire accouftrer lefdits camelots a gros grains en telle forte que bon leur plaira, pourveu neantmoins qu'ils puiffent reuenir tous taints & accouftrez pour
le moins a dix aulnes, trois quarts & demy, vn poulce, l'aulne de

Roy, reuenant a dix-huit aulnes d'Amiens, dont on vſoit anciennement.

Et afin que le marchand forain ou detailleur puiſſe auoir cognoiſſance de la longueur de telle piece, ordonnons que les Egards ferreurs ſur les halles en noir qui en font la derniere viſitation, mettront
plombs differens ſelon leurs longueurs, où ſera imprimé d'vn coſté
le nombre & contenance de la longueur de la piece, & de l'autre
coſté les Armoiries de la Ville. Neantmoins ſi la piece ſe trouuoit en
moindre longueur que deſſus, elle ſera iuſticee les deux entrebaddes
oſtees : & ne pourra telle piece eſtre empaquetee & menée hors de
ladite Ville auec la marchandiſe non iuſticee, en peine de vingt ſols
pariſis d'amende pour chacune piece contre le tainturier qui l'aura
accouſtré, & pareille amende contre le marchand qui l'empaquete-
ra pour mener hors.

Permettrons auſſi a tous leſdits marchands & autres faire fouller
au moulin leſdites ſarges d'Aſcot, tant en ceſtedite Ville que hors
d'icelle, où bon leur ſemblera pour leur commodité. Toutefois auant
ce pouuoir faire ordonnons qu'ils feront venir & comparoit par deuant Nous les maiſtres deſdits moulins, pour eſtre regiſtrez ſur nos
regiſtres, leur faire entendre les Ordonnances par nous faites pour
leur regard, & preſter le ſerment de les garder & obſeruer ſans y contreuenir, ſur les peines & amendes y contenuës, & pour icelle bailler
bonne & ſeure caution reſſeante en ceſtedite Ville, en peine de
vingt liures pariſis d'amende contre les marchands qui y contre-
uiendront.

Defendons aux maiſtres deſdits moulins de receuoir a fouller aucunes deſdites ſarges d'Aſcot, qu'elles n'ayent le plomb de l'aulnage
en blanc de ladite Ville, lequel en foulant leſdites pieces, leur enioignons conſeruer & iceluy repreſenter en les rendant aux tainturiers,
en peine de ſoixante ſols pariſis d'amende. Et ſur ſemblable peine
defendons aux tainturiers d'icelle Ville de receuoir d'eux aucunes
deſdites ſarges qu'ils ne voyent leſdits plombs de l'aulnage.

Enioignons auſſi aux maiſtres des moulins faire deuoir de bien &
ſuffiſamment fouller leſdites ſarges, & les rendre en la longueur de
dixneuf aulnes, pour le moins, aulne de Roy, & en la largeur de trois
quartiers & demy, toutes foullees & accouſtrees, auſſi en peine de
ſoixante ſols pariſis d'amende, & de payer l'intereſt du marchand.

I ij

Ce que nous entendons pareillement auoir lieu pour les farges
qui feront foulees au pied par les foulons & pareurs en ladite Ville,
fur femblable peine & amende que deffus.

Ordonnons auffi que lefdites larges qui auront dixneuf aulnes de
Roy de long, pour le moins en la largeur deffufdite, feront mis &
appofez fur les halles en noir par les Egards qui en font la derniere
vifitation, plombs differens, felon leurs longueurs, ainfi qu'aufdits
camelots gros grains. Aufquels d'vn cofté fera imprimé la contenance de la piece, & de l'autre les Armoiries de ladite Ville, afin que
les marchands forains & detailleurs puiffent par lefdits plombs cognoiftre l'aulnage & contenance defdites pieces.

Si lefdites farges font plus courtes que de dix-neuf aulnes de Roy,
ou plus eftroites que trois quartiers & demy, elles feront fur le champ
couppees en quatre par lefdits Egards, & le foulon ou maiftre du
moulin condamné efdits foixante fols parifis d'amende pour chacune piece, & en l'intereft du marchand auquel lefdites pieces appartiendront.

Enioignons aufdits Egards fur le blanc faire deuoir de aller chacun iour ouurier, chacun en leur tour, par les maifons des ouuriers
fayeteurs, pour ferrer fur l'eftille lefdites pieces de fayeterie qu'ils y
trouueront acheuees, ainfi qu'il eft porté par ledit reglement, en
peine de foixante fols parifis d'amende.

Et pour ce que fouuent quand lefdits Egards font leur tour, ils
trouuent qu'aucuns fayeteurs n'ont acheué leurs pieces, & qu'il leur
eft defendu ferrer lefdites pieces qu'elles ne foyent acheuees, & qu'ils
n'y voyent l'enfeigne du fayeteur tiffuë fur le dernier bout, tellement
que pour ce iour lefdits fayeteurs ne peuuent vendre lefdites pieces,
n'eft que quelquefois en contreuenant audit reglement, ils leuent
de l'eftille icelles pieces, & les portent ferrer és maifons defdits
Egards, parmy lefquelles fe meflent plufieurs pieces de fayeterie qui
fe font en plufieurs villages circonuoifins de ladite Ville, ce qui eft
prohibé par lefdits briefs. Afin d'obuier a tels abus, & pour accom-
moder les pauures fayeteurs de ladite Ville en ce regard, Auons ordonné & ordonnons que fi lefdits Egards en blanc en faifant leur
tour trouuent qu'aucuns defdits fayeteurs ne ayent du tout acheué
leurs pieces d'œuure, ils marqueront lefdites pieces a quelque endroit prés la liziere, d'vne imprimerie qui fe pourra aifement effacer

au pourtraict d'vn A. & d'vne S. signifiant Amiens. Et estant icelle piece acheuee, l'ouurier pourra icelle leuer de l'estille, & l'apporter auec son coing és halles ou en la maison dudit Egard, pour y apposer & imprimer d'vn costé le plomb ordinaire de l'estille, qui ne testifie autre chose sinon que la piece est de la façon de ceste Ville : & de l'autre costé le coing du layeteur semblable a l'enseigne tissuë sur ladite piece, pour y auoir recours quand besoing sera. Pour lesquelles imprimerie & plomb lesdits egards, suiuant leur consentement, ne pourront prendre autre ne plus grand salaire que celuy qui leur est ordonné par ledit reglement pour ledit plomb de l'estille.

Si ordonnons que pour faire cesser toutes faueurs que les sayteurs commis à faire l'aulnage en blanc desdites pieces de sayererie faisoient les vngs aux autres entrans esdites charges les vngs apres les autres, ledit aulnage se fera pour le mois de Ianuier, Febvrier & Mars de cest an mil cinq cens soixante & vnze par les six esgards en blanc & les six Egards en noir, lesquels a ceste fin se departiront par sepmaines ou quinzaines ainsi que bon leur semblera : ausquels Egards enioignons faire debuoir, de garder & obseruer entierement le reglement par nous faict sur le faict dudict aulnage sans y contreuenir ny vser d'aucune faueur, conniuence, ou dissimulation, en peine de vingt liures d'amende pour la premiere fois, & de cent liures parisis & suspension de leurs Offices pour la seconde fois, & pour la tierce de priuation & punition d'iceux, pour lesquelles peines & amendes, & pour la restitution de l'interest des marchands, ils seront respondans les vns pour les autres & par corps.

Et pour satisfaire au deuoir de leur charge, lesdits Egards se trouueront és halles à ce ordonnees pour ledit aunage, sçauoir est, les Mardy, Ieudy, Samedy & veilles de festes, depuis neuf iusques à vnze heures du matin, & à l'aprez midi durant les mois de Nouembre, Decembre & Iannier, depuis vne iusque à quatre heures durant les mois de Fevrier, Mars, Auril, Aoust, Septembre & Octobre, depuis deux iusques à cinq heures, & durant les mois de May, Iuin & Iuillet, depuis deux heures iusques à sept, & les iours de Vendredy, les apres-dinées seulement durant les heures susdites, en peine d'amende arbitraire.

De toutes lesquelles amendes lesdits Egards accusateurs auront vn tiers,

Le tout par prouifion, comme dit eft, & tant que autrement par Nous en foit ordonné.

Lefquelles Ordonnances auons ordonné eftre publiees à fon de trompe & cry public par les carrefours ordinaires de ladite Ville, à ce que aucun n'en pretende caufe d'ignorance, & fi feront par mefme moyen reiterez audit fon de trompe les xl. lxii. ciii.ciiii. & cv^e. articles du Reglement de la fayeterie, & les contreuenans punis à la rigueur, fans aucune moderation, defquels articles la teneur enfuit :

Item eft encores deffendu a tous de mettre en vente aucun filé, que le filé ne foit fuiuable & raifonnablement afforty & non meflé de diuerfes fortes & groffeurs de filé fur peine d'eftre coupez & mis en pieces, & de dix fols parifis d'amende a appliquer moitié a ladite Ville, & l'autre moitié aux Egards en noir où a l'accufateur, pour la feconde fois d'amende arbitraire & fufpenfion de fon meftier & ouurage.

Item eft deffendu a tous ouuriers de faire a vn chacun bout de leur piece d'œuure plus longue queuë que d'vn demy quartier & demy bafton, aulne de Roy, reuenans au quartier aulne d'Amiens ny de laiffer la premiere en plus grand longueur que declaré eft cy deffus, & plus longues ne les pourront coupper a peine d'encourir en amende de foixante fols parifis pour le fruit de ladite premiere, a appliquer les quarante fols au profit de ladite Ville, & les vingt fols aux Egards, & pour chacun defdits bouts vingt fols parifis, a appliquer moitié a ladite Ville, & l'autre moitié aufdits Egards ou accufateurs.

Item & fi ne pourront lefdits ouuriers expofer en vente leurs pieces d'œuure en blanc, que premierement elles ne foient pliees par tel party que l'achepteur puiffe voir les deux entrebades l'vne par dehors la piece & l'autre par dedans, & fi leur eft deffendu de y faire aucuns plis fourrez, fur peine en chacun defdits cas de dix fols parifis d'amende, à appliquer moitié à ladite Ville, & l'autre moitié à l'accufateur.

Item, & eft enioint aux marchands de retenir lefdits fatins ayans lefdits plis ainfi fourrez & couchez, & les apporter ou enuoier incontinent à Iuftice fur peine de dix fols parifis d'amende enquoy ils efcherront a appliquer moitié a ladite Ville, & l'autre moitié a l'accufateur.

Fait conclu & deliberé en l'Escheuinage d'Amiens le quatriesme iour de Ianuier mil cinq cens soixante-vnze.

Publié a son de trompe & cry public par les carrefours & lieux accoustumez a faire cris & publications en la Ville d'Amiens & au marché au filé de ceste Ville le Vendredy vnziesme iour de Ianuier l'an mil cinq cens soixante vnze.

DEPAR LES MAIEVR, PREVOST ET ESCHEVINS DE LA VILLE ET Cité d'Amiens.

COmbien que par les Ordonnances par nous faites pour le reglement de l'estat de sayeterie en icelle Ville, diuerses fois publiees & reiterees a son de trompe, soit expressement deffendu a tous les sayeteurs d'icelle Ville de tenir & auoir en leurs maisons, & ouuroirs plus d'vne estille pour y faire sarges façon d'Ascot & de bailler les vns aux autres a besongner pour faire lesdites sarges és maisons des vns des autres. Neantmoins nous auons esté aduertis que plusieurs desdits sayeteurs, des plus riches & aisez contreuenans ausdites Ordonnances, ont dressé & chargé deux, trois ou quatre estilles desdites sarges, au grand preiudice & interest des pauures sayeteurs d'icelle Ville. Pour a quoy pouruoir auons en reiterant lesdites Ordonnances fait & faisons deffences a tous les maistres sayeteurs d'icelle Ville, de tenir & auoir en leursdites maisons & ouuroits plus d'vne estille pour y faire sarges, en peine de soixante sols parisis d'amende, dont l'accusateur aura vn tiers.

Et sur semblable peine leur deffendons de bailler les vns aux autres a besongner pour faire lesdites sarges és maisons de vns des autres.

Et pour obuier aux fraudes qui se peuuent commettre en ce regard, nous ordonnons que les sayeteurs qui ont estille ouurant desdites sarges, seront tenuz acheter le filé qu'ils mettront en œuure, & faire la vente desdites sarges és maisons des marchands eux mesme en personne ou y enuoyer leurs femmes, & non autres, en peine de quarante sols parisis d'amende.

Si enioignons aux Egards ferreurs en blanc fur l'eftille, de faire
deuoir de nous aduertir ende dans demain des noms & furnoms des
maiftres fayeteurs où ils trouueront plus d'vne eftille chargee de farges pour en faire la punition, en peine de foixante fols parifis d'a-
mende s'il eft trouué qu'ilz ayent ferré aucune piece de fayeterie
en la maifon d'aucun fayeteur où y aura plus d'vne eftille chargee
de farge.

    Publié a fon de trompe & cry public par les carrefours & lieux ac-
couftumez a faire cris & publications en la Ville d'Amiens le dix-
huictiefme iour de May mil cinq cens foixante-vnze.

Svr le different meu pardeuant nous a l'occafion de ce que vn
    nommé Iean Defmadry eftranger auroit taint & pretendoit
taindre en foye & fans aucun guelde de ladite Ville, aucuns camelots en noir façon de cefte Ville, qu'il fouftenoit bien taints, bons
& fuffifans a l'vfer, comme s'ils eftoient taints auec le guelde, ioinct
que plufieurs march ands forains & habitans en demandoient &
cherchoient à en acheter plus toft que ceux taints en guelde. Ce que
empefchoient formelement les Egards de l'eftat de fayeterie, attendu que telle marchandife fe pouuoit aifement debouillir, & que à
l'vfer elle fe detaindoit, & fe trouuoit la tainture vicieufe : Confideré mefmement que telle tainture par le Reglement de la fayeterie,
eftoit par exprez prohibè & deffendu. Aprés que nous auons fur ce
ouy plufieurs marchands tant forains, que de cette Ville, auec les
tainturiers d'icelle, fuiuant leur aduis & la conclufion du Procureur,
pour office de ladite Ville, auons pour le bien public, honneur & reputation de ladite Ville, ordonné & ordonnons que lefdits camelots
ainfi taints en foye & fans guelde feront mis és mains de Robert
Cazee tainturier, pour eftre gueldez & taints, fuiuant le Reglement
de la fayeterie, lequel Reglement fera à l'auenir fuiuy, gardé & ob-
feruè, en ce qui concerne la tainture des pieces de fayeterie, & que
conformement audit Reglement toutes taintures fe feront auec
guelde fuffifamment, fuiuant les effays & efchantillons faits & à faire
en ce regard, fur les peines y contenuës, fans qu'il foit permis audit
Defmadry, aux marchands, ny à autres d'en taindre, ou faire taindre
en foye, & fans guelde en icelle Ville : ce que nous leur deffendons
en peine de quarante fols d'amende pour chacune piece. En témoin
&c. du huitieme iour de Iuillet l'an mil cinq cens foixante-douze.

CHARLES par la grace de Dieu Roy de France, à tous
ceux qui ces presentes lettres verront. Comme par
Edict du mois de Mars mil cinq cens soixante-vnze, pour
obuier aux abus qui se commettoient par les façonneurs
de draps, estamets, sarges & autres estoffes de laine, & les remettre
en leur longueur & largeur ancienne, Nous ayons fait & estably vn
Reglement , tant sur la manufacture de la draperie par tout nostre
Royaume, Pays & Seigneuries, suiuant les anciennes Ordonnances,
& Statuts de ladite drapperie, que pour la deliurance d'iceux draps,
estamets & sarges, & pour empescher la supposition des noms des
lieux, où les meilleurs draps se font, ayons ordonné qu'en chacune
piece de drap, estamet, sarges, & autres manufactures de laine qui
seront taintes en nosdits Royaume & Pays, sera mis vne marque ou
sceau de plomb, contenant le lieu de la tainture , auec deffences de
les exposer en vente, que lesdites marchandises ne soient prealablement scellees, sur les peines declarees audit Edict . A la publication
& verification duquel en nos Cours de Parlement, nous ayons voulu
& ordonné estre passé outre, & à ces fins fait expedier nos lettres,
l'effet & execution desquelles, ensemble dudit Edict, ait esté differé
iusques à present, au moyen des empeschemens & oppositions faites
à ladite Publication par les habitans d'aucunes nos Villes, entre autres de la part de nos chers & bien amez les Maieur, Preuost, Escheuins & habitans de nostre ville d'Amiens, lesquels se seroient retirez
vers nous, pour nous faire remonstrances. Par lesquelles ils requeroient en tout euenement que ledit Edict ait lieu, nostre plaisir fust,
pour n'alterer le bon ordre estably en nostredite ville excepter dudit Edict l'estat & marchandise de Sayterie qui se fait en icelle, en
quoy principalement consiste la manufacture, dont tout le pays ou la
plus part est nourry & subsisté. Et ce ayant egard au nombre des
personnes qui ont ordinairement l'œil & visitation sur ladite sayterie, laquelle n'a rien commun auec la drapperie. Sçauoir faisons que
veuës lesdites Remonstrances baillees par escrit de la part desdits
habitans , & ouys en nostre Conseil leurs Deleguez deuers nous,
ensemble les Fermiers des droits mis sur les draps & manufactures
specifiez audit edict, de nos certaine science , pleine puissance &
auctorité Royale , auons excepté & exceptons par ces presentes du
contenu audit edict les sarges façon d'Aicot qui se font de fil filé, ta-

tins, camelots de laine de toutes autres pieces d'ouurage & marchandise de sayeterie qui se font en nostre Ville d'Amiens : Lesquelles nous auons declarees & declarons non subiettes à aucune visitation nouuelle, & apposition de sceau ou plomb, & de payer aucune chose pour les droits mis sur ladite marchandise de sayeterie & manufactures de laines en vertu dudit edict. A la charge de garder par les ouuriers & Egards iurez de ladite sayeterie les statuts & Ordonnances cy deuant faites & publiees en nostredite Ville d'Amiens, tant sur la longueur, largeur & loyauté de ladite marchandise, que sur les aulnages, nombre de filz, visitations & appositions de plombs ou sceaux.

Si donnons en mandement à nos amez & feaux les gens tenans nostre Cour de Parlement à Paris, & au Bailly d'Amiens, ou son Lieutenant, & autres nos Iuges & Officiers qu'il appartiendra, que ces presentes nos lettres de Declaration ils verifient & facent lire & enregistrer, & de l'effet & contenu d'icelles iouyr & vser lesdits habitans, Maieur, Preuost & Escheuins d'Amiens, cessant & faisant cesser tous empechemens au contraire ; nonobstant oppositions, ou appellations quelconques, pour lesquelles ne voulons estre differé, Edicts, Ordonnances, ou lettres au contraire. Car tel est nostre plaisir. En temoin de ce nous auons fait mettre nostre seel à cesdites presentes. Donné à Blois l'onzieme iour d'Auril, l'an de grace mil cinq cens soixante-douze, & de nostre Regne le douzieme. Ainsi signé sur le reply, Par le Roy en son Conseil, DOLV.

Leuës, publiees, & registrees, ouy & ce consentant le Procureur general du Roy, à Paris en Parlement, le premier iour de Iuillet, l'an 1572. Ainsi signé DVTILLET.

DE PAR LES MAIEUR, PREUOST ET
Escheuins de la Ville & Cité d'Amiens.

EN faisant droict sur la requeste à nous depieca presentée en nostre Escheuinage de la part des poiseurs de fil de ceste Ville & du Procureur pour Office de ladite Ville, Nous pour la conseruation des droits desdits poiseurs, & pour maintenir l'estat de saieterie en icelle Ville, Auons faict & faisons deffences à tous les Maistres saieteurs de ladite Ville, d'acheter aucun fil de saiette en icelle Ville, sinon au marché & lieu pour ce de-

ſigné pres le beffroy aux iours de marché ordinaire , & aux fillatiers
& autres reuendeurs dudit fil de ſaiette forains ou autres d'en faire
vente ſinon audit marché & aux iours & heures ordinaires.

Pareillement deffendons tant aux ſayetiers que aux houpiers
d'icelle Ville, de receuoir ny permettre entrer en leurs maiſons leſdits fillatiers reuendeurs dudit fil ou autres chargez dudit fil pour
quelque cauſe ou occaſion que ce ſoit. Et auſdits fillatiers ou autres
reuendeurs de fil d'aler & entrer és maiſons deſdits ſayeteurs &
houppiers chargez dudit fil de ſaiette.

Le tout en peine de confiſcation dudit fil & de cent ſols pariſis
d'amende, de laquelle amende l'accuſateur aura vn tiers.

Si auons ordonné que ce que deſſus ſera publié á ſon de trompe
& cry publicq, par les carrefours & lieux accouſtumez à faire cris &
publications en ladite Ville, meſmement au marché au filé en iour
de marché, & iceluy ſeant a ce que aucuns n'en pretendent cauſe
d'ignorance. Et que les xxv. xxxvj. xxxvij. xxxviij. xl. xlij. Arti
cle du reglement de ladite ſayeterie ſeront ſemblablement reiterez
audict ſon de trompe, deſquels teneur enſuit.

Item que nul ne pourra acheter dudict fil s'il n'eſt maiſtre ou maiſtreſſe receu & paſſé audict meſtier de ſaieteur reſidant & demeurant
en ladite Ville, ſur peine de ſoixante ſols pariſis d'amende, à appliquer les deux tiers à ladite Ville, & l'autre tiers aux Egards accuſateurs. Meſmement leſdits maiſtres & maiſtreſſes ny autres ne pourront acheter ledict filé pour le reuendre & regrater ſur pareille
amende à appliquer comme deſſus.

Item eſt deffendu à tous houppiers de vendre ny acheter filé par
eux ne par perſonnes interpoſees ſur peine de confiſcation dudict filé, & de ſoixante ſols pariſis d'amende, à appliquer les deux tiers à
ladite Ville.

Item eſt encores deffendu aux marchands forains de mettre leur
fil en lieu ſecrét & à cachette, & aux ſayeteurs d'eux y tranſporter
ne communiquer auec ledict marchand forain, ſur peine de quarante ſols pariſis d'amende à appliquer les deux tiers a ladite Ville &
l'autre tiers aux Egards ou autres accuſateurs.

Item & ſur pareille amende eſt ſemblablement deffendu aux
houppiers, hoſtelliers, merciers, & à toutes autres perſonnes de
ſouffrir vendre fil ne poiſer fil en leurs maiſons.

K ij

Item est encores deffendu à tous de mettre en vente aucun fil que le fil ne soit suiuable & raisonnablement assorty, & non meslé de diuerses sortes & grosseurs de fil, sur peine d'estre couppez & mis en pieces, & dix sols parisis d'amende, à appliquer moitié a ladite Ville, & l'autre moitié aux Egards ou accusateurs.

Item, & si aucun filé est trouué fraiz & moüillé pour frauder le poids qu'il est de coustume faire, il sera bruslé en plain marché ainsi que l'on a accoustumé, & si sera le vendeur amendable de six sols parisis à appliquer moitié a ladite Ville, & l'autre moitié aux Egards, ou accusateurs.

Publié à son de trompe & cry public par les carrefours & lieux accoustumez à faire criz & publications en la Ville d'Amiens le vingtsixiesme iour de Iuillet mil cinq cens soixante douze.

DE PAR LES MAIEUR, PREVOST
& Eschevins de la Ville & Cité d'Amiens.

 OVR pouruoir aux plaintes à nous faites tant par les marchands de satins de ceste Ville que par les forains, & regler l'estat & manufacture de la sayeterie qui se fait en ladite Ville selon qu'elle merite, & le cours qu'elle a entre marchands : Apres auoir sur le tout ouy lesdits marchands maistres sayeteurs, maistres de la Confrairie dudit estat, les Egards tant en blancq, sur l'estille, Aulneurs Foullons, Egards sur le soullage, sur le guelde, Couroyeurs Tainturiers, Calendreus que les Egards en noir d'icelle saieterie, le tout communiqué au Procureur pour Office de ladite Ville : Et diuerses fois consulté en nostre Escheuinage. Nous a meure deliberation de Conseil, auons par maniere de prouision, & tant que autrement par nous en sera ordonné dit & ordonné disons & ordonnons ce qui s'ensuit.

Premierement. Ordonnons que tous sayeteurs seront tenus, faire leurs sarges à cinquante cinq portees pour le moins, & à chacune portee quarante filz, reuenans a vingt deux cens filz, & en la longueur de vingt & vne aulne venant de l'estille & les faire faire de fine layne suiuies en bonté de filé & assorties raisonnablement. Et auoir bons Rocs contenans du moins vne aulne & vn douziesme aulne de

39

Roy, ſuiuant le reglement cy deuant faiċt, le tout en peine de ſoixante ſols pariſis d'amende & d'eſtre ceuppees en quatre s'il s'y
trouue faute en aucuns des points ſuſdits.

Et pour ce que pluſieurs ſayeteurs ont a preſent grand nombre de
Rocs ſeruans a faire leſdites ſarges qui ne ſont en ladite longueur
d'vne aulne & vn douzieſme, leur ordonnons les faire d'autant eſlar-
gir. Ou en faire faire d'autres neufs, flatris aux deux gardes par les
Egards en blancq en dedans le douzieſme iour de May, prochain.
En peine de ſoixante ſols pariſis d'amende & d'eſtre promptement
leſdits Rocs rompus, ſi apres lediċt iour il s'en trouue aucuns plus
eſtroits, en leur poſſeſſion.

ORDONNONS que auſdites ſarges ny pareillement aux Camelots n'y aura plus aucun gros bout plus long que de demy quartier. Et
que le tout ſera ſemblable & de meſme ſorte & façon a tous les endroits de la piece, a peine de ſoixante ſols pariſis d'amende.

Enioingnons auſdits maiſtres ſayeteurs mettre & titre vn fil de
chanure retors ou de lin, le long des lizieres deſdites ſarges d'vn coſté & d'autre à, vne, deux, ou trois rozees pres du bord des lizieres
en peine de vingt ſols pariſis d'amende.

Et pour ce que nous auons trouué par diuerſes experiences & eſ-
ſaiz que les ſarges eſtant bien & ſuffiſamment foullees au moulin ſur
le fort, afin qu'elles puiſſent mieux eſtre degreſſees & prendre tainture, ne peuuent la plus part reuenir en la largeur de trois quartiers
& demy, ſuyuant noſtre Reglement: au moyen que le fil de la chaî-
ne eſt plus fin & delié aux vnes que aux autres, & que il s'en faiċt de
doubles & ſimples, & de diuerſes ſortes & bontez ſelon que les
marchands eſtrangers les demandent: auons ordonné que ſi leſdite
ſarges eſtans toutes foullees, parees & accoutrees reuiennent a
trois quartiers de large du moins, elles ſeront paſſees & ferrees des
plombs de la derniere viſitation: pourueu qu'elles ſoient bonnes,
loyalles, bien faites & raiſonnablement aſſorties, & deſfilé ſuiuable
comme dit eſt, & de la longueur de dixneuf aulnes du moins. Et ſi
elles ſont en moindre longueur ou en moindre largeur, elles ſeront
couppees en quatre, & le foulon condamné en ſoixante ſols pariſis
pour chacune piece & en l'intereſt du marchand, n'eſt qu'il y ait de
la faute du marchand, & qu'il ait commandé audiċt foullon les fouller d'auantage qu'elles ne requerent. Auquel cas il ſera luy meſme
amendable de ſemblable ſomme de ſoixante ſols pariſis pour chacune piece.

Enioingnons en outre aux Egards en noir qu'ils ayent à óbferuer
l'Ordonnance par nous faite & publiee le vnziefme Ianuier mil
cinq cens foixante & vnze, pour la difference & diftinction des
plombs qu'ils appoferont aufdites farges & camelots, felon les longueurs des pieces, à ce que l'acheteur puiffe cognoiftre la contenance de la piece qu'il achepte fans y faire fraude, en peine de foixante fols parifis d'amende.

Et d'autant que fouuent quand il fe trouue fur les halles aucunes
farges courtes ou eftroites, les foullons doiuent auoir icelles foullees,
en forte que l'on ne peut auoir cognoiffance dont vient la faute. Enioingnons à tous foullons à moulins & au pied, tant hábitans que forains de mettre vn plomb à toutes les farges qu'ils foulleront, & fur
iceluy y marquer & imprimer leur coin, où fera marqué & graué
leur nom & furnom, afin que l'on puiffe auoir cognoiffance de celuy qui les aura foulees & accouftrees, lefquels coings auant que
d'en vfer, & en dedans la huictaine, ils feront tenus apporter en
l'hoftel commun, pour eftre imprimez fur vne lame de plomb qui a
efté faite exprez pour ce regard, afin d'y auoir recours fi befoing eft.

Si ordonnons que à la diligence des marchands de ladite Ville,
les foullons a moulins forains comparoiftront pardeuant Nous,
pour eftre leurs noms enregiftrez fur noz regiftres, & prefter le ferment de garder nos Ordonnances fur les peines & amendes y contenuës. Pour lefquelles amendes ils feront tenus bailler caution ref-
féante en icelle Ville & ce en dedans la huictaine d'huy, en peine de
vingt liures parifis d'amende, & de confifcation de la marchandife
qu'ils bailleront à fouller aux foullons de dehors la Ville.

Et fur pareille amende enioingnons aux foullons de ladite Ville
de comparoir pardeuant Nous en dedans ladite huictaine pour eftre
pareillement enregiftrez, & prefter le ferment au cas requis.

Permettons aufdits fayeteurs de pouuoir faire des Camelots à la
façon de l'Ifle, ayans la chaine de fil retors & la lanchure de quain-
gne, pourueu qu'ils foyent de la longueur de vnze aulnes vn quart
& vn teziefme, & en la largeur de vng quartier & demy, & vn fe-
ziefme hors de l'eftille, fans y cómettre abbus, en peine de quarante
fols parifis d'amende, & d'eftre coupez en quatre par les aulneurs en
blanc, aufquels enioingnons en les aulnant en la longueur, aulner
auffi la largeur, en peine de dix liures parifis d'amende.

40

Leur enioignons vſer de bonne empoiſe d'eau pure ou de ceruoiſe en faiſant leurs pieces d'œuures, ſans vſer d'empoiſe faite de meſgue, poiraſine, d'oreilles de vaſches, ou autre choſe dont ils ſardent & gaſtent leurs ouurages, laquelle pour ceſte occaſion n'en prend point ſi bien la tainture, en peine de ſoixante ſols pariſis d'amende pour la premiere fois, & pour la ſeconde fois d'amende arbitraire & priuation du meſtier. A quoy enioignons aux Egards en blanc, tenir la main & prendre garde, en faiſant leur tour & ſerrant ſur l'eſtille les pieces deſdits ſayeteurs.

Et au moyen que les maiſtres Sayeteurs ayans aucuns apprentifs dudit eſtat, ne les font beſongner bien ſouuent que à faire petits camelots, tellement que quand ils ont fait leur temps de apprentiſſage par trois ans, & qu'ils deſirent paruenir à la maiſtriſe, & faire chef-d'œuure, ils ne ſçauent faire vn ſatin commun ou vn large: ce qui eſt le fonds dudit eſtat, & qui eſt neceſſaire qu'ils facent pour leur chef-d'œuure pour paruenir à ladite maiſtriſe: qui fait qu'il y a grand nombre de petits ouuriers audit eſtat. Pour a ce pouruoir ordonnons que tous Maiſtres Sayeteurs ayans apprentifs ſeront tenus les faire beſongner durant leſdits trois ans, du moins vn an a faire ſatins communs ou larges, a ce qu'ils puiſſent mieux conceuoir le fonds dudict meſtier, & eſtre meilleurs ouuriers d'iceluy, en peine de cent ſols pariſis d'amende, & des dommages & intereſts de leurs apprentis.

Et à l'occaſion que diuerſes fraudes & maluerſations ont eſté commiſes aux chefs d'œuures qui ſe ſont faits par le paſſé par les pretendans paruenir à ladite maiſtriſe, & que pluſieurs leur ont aidé a les faire pour leur incapacité, ayans iceux eſté faits en lieux ſuſpects & fauorables contre ledict reglement. Pour y obuier, Nous faiſons deffences aux Egards de permettre à aucuns de faire leſdits chefs d'œuures ſans nous en venir aduertir, & demander le congé premierement au Bureau de la Chambre du Conſeil par le pretendant, aſſiſté de l'vn deſdits Egards; afinde luy ordonner le lieu, où il le pourra faire, & en faire faire regiſtre par noſtre Greffier, en attendant que nous aurons faict eſtablir vn lieu propre pour faire iceux chefs d'œuures.

Ordonnons, que aprez le iour de S. Remy prochain paſſé, nul ne ſera receu à ladite Maiſtriſe qu'il n'ait attaint l'age de vingt-deux ans du moins: qu'il n'ait moyen de viure, & vne eſtille & deux eſtoffes

à luy appartenans, & qu'il ne foit armé fuffifamment pour la deffen-
ce & garde de ladite Ville, felon fes pouuoir, capacité & facultez.

Si le Sayeteur achetant du fil de fayette au marché d'icelle Ville,
trouue aucuns fils fourrez, moites & déloyaux contre les briefs &
reglement dudit eftat, luy permettons (en prenant auec luy vn ou
deux maiftres Sayeteurs) de faifir ledit filé, & de nous en faire faire
promptement la denonciation & aduertiffement afin d'y pouruoir.
En quoy faifant ils auront vn tiers des amendes qui en prouiendrôt.
Enioignant neantmoins aux Egards fur ledit filé, faire leur deuoir de
eux trouuer audit marché pour faire vifitation dudit fil, à quoy ils
font teous, fur les peines contenuës aufdits briefs.

Permettons auffi aux Maiftres de la Confrairie dudit eftat de fayeterie d'auoir vn jauge de la contenance & largeur des rocs, iuftifié en
noftre Hoftel commun, & auec iceluy aller quand bon leur femble-
ra, affiftez d'vn Sergent à mace ésmaifons des Sayeurs, pour fçauoir
s'ils font bon ouurage en compte, & telle loyauté & largeur qu'il eft
porté par leurs Briefs, afin de nous aduertir des contreuenans, pour
en faire la punition & des amendes qui en prouiendront leur fera de-
liuré vn tiers promptement comme accufateurs.

Auffi commandons & enjoignons tres expreffement aufdits Maiftres de Confrairies de nous denoncer promptement toutes les fautes & maluerfations qu'ils y trouueront, fans y vfer d'aucune conniuence, diffimulation, ou compofition, en peine de dix liures parifis
d amende pour chacun d'eux, & de priuation defdites charges.

Enioignons auffi aufdits Sayeteurs en expofant en vente leur
piece de farge de la plier, & fauder de la longueur d'vne aulne de
Roy, & les camelots de la longueur de demy aulne demy quart fans
y faire ny cacher aucun demy ply. Et de plier les fayes, fatins communs & fatins larges en la maniere accouftumée, mettant en euidence generalemēt à toutes pieces les deux entrebades fans les plier
ne cacher dedàns lefdites pieces, en peine de vingt fols parifis, pour
chacune piece, & de pareille amende contre les marchands qui les
acheteront autrement pliees) & faudees que dit eft.

Deffendons a tous ouuriers de Rocs, tant habitans que forains de
vendre à l'aduenir aucuns Rocs en ladite Ville & banlieuë & aux
fayeteurs & autres gens, d'en achepter que premierement lefdits
Rocs n'aient efté vifitez egardez & flatris fur les deux gardes des
marques a ce ordonnees.   Et

Et à cette fin seront tenus lesdits ouuriers de rocs apporter lesdits
rocs en l'Hostel commun, & le faire sçauoir aux Egards ferreurs en
blanc sur l'estille, ou à deux d'iceux, en peine de dix sols parisis d'a-
mende tant contre le vendeur que contre l'acheteur.

Pour laquelle visitation & flatrissement, permettons ausdits
Egards en blanc, pouuoir prendre du vendeur huit deniers pour chacun roc à sarge, & quatre deniers des autres rocqs seruans aux autres
pieces de sayeterie.

Ausquels Egards en blanc, enioignons tres-expressement ledit
quinzieme iour de May prochain passé, & au dedans la quinzaine
ensuiuant d'eux transporter en peine de dix liures parisis d'amende és
maisons de tous lesdits maistres Sayeteurs pour flatrir tous les rocs
qu'ils y trouueront estre bons suiuant ledit reglement, sans pour ce
prendre aucun salaire, & ceux qu'ils trouueront n'estre bons les
apporter en nostre Hostel s'ils ne sont empéchez d'ouurage, afin
d'en faire punition, & s'ils sont empéchez d'ouurage, laisseront
acheuer ledit ouurage, & feront donner assignation pardeuant nous
a l'ouurier au iour que son ouurage pourra estre fait, pour soy voir
condamner à ladite amende de soixante sols parisis, & son roc rom-
pu, & neantmoins lesdits sayeteurs pour obuier a ladite amende
pourront, si bon leur semble en dedans le quinziesme iour de May
apporter tous leur rocs a visiter, & flatrir ausdits Egards en blancq,
lesquels seront tenus ce faire sans salaire comme dict est.

Et pource que souuent quand les Marchands Egards, Foullons,
Couroyeurs, Calendreurs, & autres qui s'entremettent dudit estat
de sayeterie, & de l'appareil d'icelle, estans arguez de faute & con-
trauention des Briefs dudit estat s'excusent d'ignorance, & qu'ils ne
sçauent lesdits Briefs. Nous ordonnons que lesdits Marchands ordinaires de satins de ladite Ville, Egards, Houppiers, Peseurs de fil,
Maistres de la Confrerie, Egards en blanc, sur l'estille, Aulneurs,
Foullons, Callendreurs, Tainturiers, Egards sur le foullage, sur le
guelde & sur le noir, seront chacun d'eux tenus leuer en dedans le
mois, au Greffe de ladite Ville, copie de tous les Brefs, Statuts &
Ordonnances faictes sur le Reglement dudit estat, & des presentes
Ordonnances, afin de les mieux voir & entendre, & de les garder &
obseruer de point en point chacun en leur regard, pour laquelle copie ils seront tenus payer dix sols tournois seulement, & ce en peine

de foixante fols parifis d'amende contre le negligent, & defobeyffant.

Et fera à l'auenir baillé femblable copie pour mefme prix à ceux qui feront admis aufdites Offices & chargés fufdites.

De tout lefquelles amendes les accufateurs auront vn tiers.

Le tout par maniere de prouifion, & tant qu'autrement en fera ordonné comme dit eft.

Au furplus en reiterant les briefs, ftatuts, & reglement dudit eftat, Auons ordonné que les Maiftres Houppiers vferont de bonne laine que l'on appelle mere laine & n'vferont point laine de Rhinch, pellures, ne laine de gras moutons, par ce que telles efpeces de laine fe mangent de vers, & empirent les bonnes, en peine de confifcation de l'ouurage, & de foixante fols parifis d'amende.

Mefmes ne pourront acheter ny faire acheter, ny tenir en leurs maifons, ny ailleurs lefdites pellures ny laine de Rhinch, ou de moutons gras fur pareille amende que deffus.

Pareillement ne pourront les tifferans Houppiers tenir en leurs maifons ne ailleurs pellures ne laine de Rhinch, ou de moutons gras durant le temps qu'ils feront audit eftat de houppier, fur peine de priuation dudit eftat.

Ne pourront encore iceux maiftres houppiers pigner pour qui que ce foit icelle laine de Rhinch, de gras moutons, ou pellures, en peine de foixante fols parifis d'amende.

Deffendons auffi à toutes perfonnes de mettre en vente aucune botte de fil de fayette plus grande que de trois poids, fur peine de fix fols parifis d'amende, la moitié à l'accufateur.

Si leur deffendons d'expofer en vente aucun filé qu'il ne foit fuiuable, & raifonnablement afforty, & non meflé de diuerfes fortes & groffeurs de filé, fur peine d'eftre couppez & mis en piece, & de dix fols parifis d'amende, la moitié à l'accufateur.

Les pieulles & liens defdites bottes de filets feront de pareil fil que celuy de la botte, à peine de deux fols parifis d'amende vers l'accufateur.

Et fi aucun filé eft trouué fraiz & moite, pour frauder le poids, il fera brulé en plein marché, & le vendeur condamné à fix fols parifis moitié à l'accufateur.

Vn Maiftre Sayeteur pourra apprendre fon meftier à fon enfant en faisant mettre & enregiftrer leurs noms au regiftre de noftre

Hoftel commun, pour dès lors entrer en l'eftat d'apprenty, fans
pour ce payer aucun droit à la Ville, ny aux Egards , & neantmoins
auec fefdits enfans pourra encores auoir vn apprenty eftranger.

Faifons auffi deffences a tous les maiftres faieteurs d'icelle Ville,
de tenir & auoir en leurs maifons & ouuroirs plus d'vne eftille pour
y faire farge en peine de foixante fols parifis d'amende vn tiers à
l'accufateur.

Et fur pareille peine leur deffendons de bailler les vns aux autres
a faire lefdites farges aux maifons les vns des autres.

Et pour obuier aux fraudes qui fe peuuent commettre en ce regard, Nous ordonnons que les fayeteurs qui ont eftilles ouurans
defdites farges feront tenus acheter le filé qu'ils mettront en œuure,
& faire vente defdites farges és maifons des marchands, eux mefmes
en perfonnes, ou y enuoyer leurs femmes, & non autres, en peine de
quarante fols parifis d'amende.

Publié a fon de trompe & cry public par les carrefours & lieux
accouftumez a faire cris & proclamations en ladite Ville d'Amiens,
& au marché au filé d'icelle Ville, iceluy feant le Vendredy dixfep-
tiefme iour d'Apuril mil cinq cens foixante & treize.

DE PAR LES ESCHEVINS DE LA VILLE
ET CITE' D'AMIENS.

NOs Predeceffeurs ayans recognu que le vray moyen d'eftablir
& conferuer vn bon negoce en cette Ville pour le bien &
vtilité d'icelle, eftoit de maintenir la manufacture de la Sayeterie
(qui eft le plus grand qu'il foit de tous autres en honneur & reputation) & prendre garde que la loyauté y fuft obferuée, ont cy deuant
faict plufieurs bonnes & fainctes ordonnances, lefquelles ont efté
quelquefois changees, corrigées & augmentées, felon les occurren-
ces qui s'y font prefentees, mefmement fur la forme de l'égardife &
vifitation defdites manufactures, & des perfonnes qui y ont efté com-
mifes tant pour ferrer les pieces fur les eftilles, pour cognoiftre
qu'elles feroient faictes & manufacturees en cette Ville, pour euiter
qu'il ne s'en apportaft des champs , & par confequent que la manufacture d'icy & les ouuriers ne le tranfportaffent hors d'icelle , que

sur la longueur, largeur, tainture, & accoustrage desdites pieces, &
recognoissant de plus en plus que s'il n'y est remedié par vne seuerité
plus grande que par le passé la licence de ceux qui librement con-
treuiennent aux Briefs & Statuts dudit estat de sayeterie, continuant
il est sans doute que le negoce de cette Ville se perderoit peu à peu,
au grand preiudice des bons Sayeteurs qui font bonne & loyalle
marchandise,& generallement de tout le public.Pour à quoy remedier,ceste affaire mise plusieurs fois en deliberation en nostre Escheuinage,en laquelle ont esté veuës deux requestes y presentées, l'vne
par les Egards de la Vingtaine, & l'autre par les Egards ferreurs sur
l'estille communiquees au Procureur Fiscal de ladite Ville, qui a sur
icellespris ses conclusions,& ouy audit Escheuinage, lesdits Egards
de la Vingtaine & Egards ferreurs sur l'estille pour ce mandez audit
Escheuinage. Veu aussi les Briefs & Statuts dudit Estat de sayeterie,
& autres Ordonnances & Sentences depuis interuenuës pour raison
de l'égardise d'iceluy : Et le tout consideré, Nous par prouision &
tant que autrement en soit ordonné : Auons ordonné & ordonnons
ce qu'il s'ensuit:

Premierément. Que d'oresnauant ne seront appellez à l'égardise
de l'estat de Sayeteur, que l'on appelle la Vingtaine que des Maistres Sayeteurs n'ayans autres charges & Offices sur ledit mestier.

Qu'ils feront leur deuoir eux trouuer aux halles en blanc pour y
faire visitation des pieces sur l'aulnage,& y apposer le plomb en cas
de loyauté, & eux y trouuer de bonne heure pour expedier les
Sayeteurs.

Leur faisons deffences sur peine de dix liures parisis d'amende de
ferrer aucunes pieces du plomb de l'aunage qu'elles ne portent le
plomb de l'estille pour cognoistre que la piece aura esté faite en
cette Ville.

Ce qui sera aussi obserué pour les chef-d'œuures aussi bien que
pour les autres pieces.

Et afin que le Sayeteur n'ait occasion de se plaindre,& de demon-
ter la piece de dessus lanselle qu'elle ne soit ferree du plomb de
l'estille, ainsi qu'il luy est deffendu.

Enioignons ausdits Egards ferreurs sur l'estille faire leur deuoir
en leurs charges, & en ce faisant aller en leurs personnes ferrer sur
l'estille par quelque iour de la semaine,a commencer vne heure aprés

midy, & les iours de samedy & nuit de feste par deux fois l'vne au matin enuiron six heures depuis Pasques iusques à la S. Remy, & depuis ledit iour de S. Remy iusques à Pasques enuiron l'heure de sept heures, & aux apres midy à ladite heure d'vne heure, tellement que ledit ouurier ne soit contraint par la faute ou coulpe dudit ferreur retarder la vente de sa piece, & ce en peine de trente sols d'amende pour chacune fois.

Pourront & permettrons ausdits Egards ferreurs sur l'estille auoir le iauge des pieces sur l'estille qu'ils pourront visiter sur le nombre de fil, & nous faire rapport des contreuenans, & laquelle visitation ils pourront aussi bien faire en la maison des Vingtimiers que ès autres maisons des Sayeteurs : Le tout neantmoins sans preiudice aux pouuoirs desdits Vingtimiers qui pourront, ainsi qui leur est attribué faire ladite visitation & iauge par toute ladite Ville.

Permettons aussi ausdits Egards ferreurs sur l'estille nous faire rapport, à l'assistance neantmoins d'vn Vingtimier, de ceux qu'ils trouueront trauaillans à la chandelle.

Enioignons aux Foullons & Tainturiers conseruer les plombs des pieces aux peines portees par les Ordonnances.

Deffendons aussi aux marchands aux peines portees par les Ordonnances de marchander aucune piece de sayeterie qu'elle ne porte se plomb de l'aunage.

Au surplus sur la requeste à nous presentee par lesdits Egards Sayetiers qui nous ont remonstré que aucuns s'ingerent de transporter du fil hors de cette ville souz couleur qu'ils l'ont fait retordre ou doubler par les retordeurs de cette ville, ce qui peut beaucoup alterer le negoce de cette ville tant par le transport dudit fil pour en faire les Sayeteurs necessiteux, que par l'occupation des moulins desdits retordeurs au preiudice des Sayteurs qui ne pourront estre seruis desdits retordeurs. Nous pour le bien commun de ladite ville, auons fait & faisons deffences à toutes personnes de quelque qualité ou condition qu'ils soient de transporter ny faire transporter hors de cette ville aucun fil de laine soit simple, double, ou retors en quelque façon que ce soit, en peine de confiscation & de dix liures parisis d'amende.

Publié le sezieme Ianuier mil six cens sept.

DE PAR LES ESCHEVINS DE LA VILLE
ET CITÉ D'AMIENS.

SVR ſa remonſtrance à nous faite par le Procureur Fiſcal de laꝰ
dite Ville des abus & maluerſations qui ſe commettent au faiꝰt
des taintures, au grand ſcandal de la ville & ruine du negoce d'icelle,
Nous auons fait pluſieurs recherches deſdites malverſations & fait
informer par l'vn de nous à ce particulierement commis & deputé,
des moyens d'euiter auſdits abus, & l'informarion rapportée com-
muniquée audit Procureur Fiſcal qui a ſur icelles pris ſes concluſions, Nous par prouiſion auons ordonné & ordonnons ce qui
s'enſuit.

C'eſt à ſçauoir que le Tainturier en petit noir appellé georget,
pourra taindre de blanc en noir les draps de la valleur de vingt-cinq
ſols l'aulne de Paris & au deſſouz : les bayes, reuéches, frizes, dou-
blures, & ſargettes drapées de la valeur de douze liures la piece, &
au deſſous.

Faiſons deffences auſdits tainturiers en petit noir de taindre aucune marchandiſe de plus grande valleur, en peine de confiſcation,
& de trente liures pariſis d'amende.

Le tainturier en ſoye pourra taindre en bonne tainture de ſoyes,
& ſans que les pieces ſoient auparauant gueldees, les ſarges faites en
cette ville á la façon de celles d'Aſcot à deux & trois filz iuſques à
la valleur de quarante liures tournois, & toutes ſarges façon de
Chartres, ſarges demie ſoye, camelots & burails.

Pourront les marchands, ſi bon leur ſemble, faire guelder les màr-
chandiſes cy deſſus auparauant les faire taindre en ſoye.

Deffendons auſdits tainturiers en ſoye de taindre aucune marchandiſe excedant le prix cy deſſus, que premierement elles n'ayent
eſté ſuffiſamment gueldees & ferrees du plomb des Egards ſur le
guelde, en peine de confiſcation des marchandiſes & de cinquante
liures d'amende.

Ordonnons que toutes ſortes de paſſemens ſoit qu'ils ſoient
gueldez ou non, ne pourront eſtre taints que en bonne tainture en
ſoye.

Deffendons d'en taindre aucunement à jorget, en peine de ſix liures pariſis d'amende & de confiſcation.

Permettons aux tainturiers en foye de taindre en bonne tainture de foye, les draps, farges, eftamets, & autres efpeces de drapperie n'excedans la valleur de foixante-dix fols l'aune en blanc, aprez qu'elles auront efté fuffifamment gueldees & marquees du plomb des Egards fur le guelde.

Et quant aux draps, farges, eftamets, & autres efpeces de ladite drapperie de plus grande valleur & au deffus de foixante-dix fols l'aune de Paris, Ordonnons qu'ils feront taints en bon tainct de guelde, & garence, pourront neantmoins les marchands & autres perfonnes apres ladite taincture de guelde & garence les faire paffer par la taincture de foye, fi bon leur femble.

Deffendons aufdits tainturiers en foye de taindre en foye telles efpeces de marchandifes qu'elles ne foient taintes premierement bien & fuffifamment en guelde & garence, en peine de confifcation & de cinquante liures d'amende.

Ne pourront lefdits tainturiers entreprendre les vns fur les autres ains fe tiendront à faire la taincture dont ils ont fait cy deuant option, à peine de confifcation des eftoffes qui feront troouees en leurs maifons feruans à la taincture dont ils ne fe peuuent mefler.

Aufquels Tainturiers refpectiuement nous deffendons de tenir en leurs maifons, & eux feruir en leurs taintures d'autres eftoffes & ingrediens de taintures que celles qu'ils ont declaré pardeuant nous leur eftre permifes & neceffaires à peine de pareille amende, & de confifcation defdites eftoffes, & mefmément d'eftre leurs cuues & appareils de taincture effondrez & iettez emmy la rue deuant leurs maifons.

Et a ce que les tainturiers ne fe puiffent plus excufer des fautes & taches qui fe troouent fur aucunes pieces de fayeterie aprez la tainture qu'ils maintiennent prouenir de l'empoix, de colle d'oreille, & huile dont vfent aucuns Sayeteurs. Nous faifons deffences aufdits Sayeteurs, ouuriers & apprentis d'iceux d'vfer d'aucun empoix, faite d'autre chofe que de farine, ainfi qu'il eft porté par les briefs dudit meftier de fayeterie, & aux peines y contenuës.

Semblablement leur faifons deffences de greffer leurs rocs & nauettes d'aucune huile, ou autre greffe pour quelque caufe & occafion que ce foit, en peine de confifcation des pieces qui fe trooueront en leur poffeffion greffees & tachees d'huile, ou autre greffe &

de six liures d'amende pour chacune piece, dont les denonciateurs
uront vn tiers à leur profit, & le reste à laditeville. Enioignons tant
ux Egards Vingtimiers que aux ferreurs en blanc sur l'estille d'y
rendre garde , & nous faire le raport des contrauantions , qu'ils y
trouueront fans y vfer d'aucune conniuence.

Au furplus ordonnons aux Egards qui font à prefent en charge
fur le fait de la tainture, d'apporter en dedans le tiers iour pardeuers
nous en noftre Chambre du Confeil les lettres de leurs prouifions, &
receptions efdites charges, afin de les reduire felon l'eftabliffement
ancien à perfonnes de la qualité requife : fçauoir l'vn marchand de
fayeterie, vn autre marchand drappier, vn autre tainturier en guelde,
& l'autre tainturier en foye, fur peine d'eftre leurfdites charges & offices, ledit temps paffé declarees impetrables pour eftre venduës au
plus offrant a perfonnes defdites qualitez, aux defpens dudit defail-
lant, & a leurs perils & fortunes.
Et n'entendons par ces prefentes déroger en autres chofes aux anciens Reglemens & Ordonnances par nousfaites fur la manufacture
& tainture des marchandifes, lefquelles nous leur enioignons garder
& obferuer aux peines y contenuës.

Publié à fon de trompe & cry public par les carfours ordinaires
de la ville d'Amiens, à faire cris & publications, le vingt-feptieme
iour d'Aouft mil fix cens vnze.

DE PAR LES ESCHEVINS DE LA VILLE
ET CITE' D'AMIENS.

SVr les plaintes qui nous ont efté faites de la part des Marchands
trafiquans en cette ville de marchandife de fayeterie de la déloy-
auté qu'ils recongnoiffent chacun iour en la manufacture d'icelle,
nous auons fait ce qui nous a efté poffible, pour contenir le Sayeteur
en fon deuoir, incitans chacun iour les Egards de faire leur deuoir, &
vifiter les ouuroirs du meftier, pour nous faire rapport des contreuenans aux Briefs & Statuts d'iceluy, & auons nouf-mefmes fait
vifitation de tous lefdits ouuroirs où nous auons recognu de grands
abus qui fe commettent aucuns ouuriers, au preiudice du negoce de
ladite

ladite ville, & de l'honneur des bons ouuriers qui trauaillent loyallement. Pour à quoy remedier aprez auoir ouy ſur ce aucuns desplus
notables marchands de ladite ville, & les anciens Maiſtres du meſtier
auec les Egards. Veu les Briefs & Statuts dudit meſtier ſur la requeſte du Procureur Fiſcal de ladite Ville à grande & meure deliberation, auons par prouiſion, & tant que autrement en ſoit par nous ordonné, fait, dit, ſtatué & ordonné ce qui s'enſuit:

Premierement que à l'auenir les ſarges façon d'Aſcot ſeront faites
en compte de dix-neuf buhots cinquante-cinq portées, & les moindres de cinquante quatre portées de fil egal, loyal & bien ſuiuy,
ayant de largeur entre deux gardes vne aulne de Roy & vn douzieſme, & longues hors de l'eſtille de vingt-vne aulne de Roy.

Les ſarges façon de Chartres ſe feront à dixneuf buhots quarante-
cinq portées, & les moindres à quarantequatre portées, ayant entre
deux gardes deux tiers d'aune de Roy & demy poulce, & de meſme
largeur de vingt & vne aune hors de l'eſtille.

Les camelots appellez gros grains ſeront faits tout double de fil
retors, de chaine & de lanchure, & les moindres en dix-huit buhots
trentecinq portées ayant entre deux gardes douze aunes vn poulce
aune de Roy & de longueur hors de l'eſtille vnze aunes & demie &
vn douzieme.

Les camelots appellez trois filz ſeront faits du moins en vingt-
vn buhots trentecinq portées de meſme largeur & longueur que
deſſus.

Les camelots taints en laine ſeront faits en vingt buhots pour le
moins & trentecinq portées de meſme longueur & largeur que les
deſſuſdits.

Les camelots appellez gros d'Aſcot ſeront faits au moins en
douze buhots quarante-cinq portées ayant entre deux gardes deux
tiers & demy aulne de Roy & vn tiers de poulce de meſme longueur
hors de l'eſtille.

Les camelots cinq quarts façon de Liſle ſeront faits en vingt u-
hots & les moindres en dixhuit buhots cinquante portées, ayant entre deux gardes trois quartiers aune de Roy & vne portée & vnze
aulnes vn quart & vn lezieme de largeur hors de l'eſtille.

Les camelots appellez largeur de Liſle ſeront faits en vingt u-
hots, & les moindres en dixhuit buhots, le tout à trente-ſix portées,

ayant de largeur entre deux gardes demie aune & deux poulces ;
aune de Roy de pareille longueur que les dessusdits.

Les camelots appellez trois quarts se feront du moins en quatorze buhots trente trois portees, ayant de largeur entre deux gardes
demie aulne de Roy vn poulce moins & de mesme longueur que les
precedens.

De mesme compte seront faits les camelots changeans façon de
Lisle. Deffendons d'en faire d'autre largeur, ny faire aucuns camo-
lots appellez trantrans.

Et quant aux camelots appellez quignette qui sont de nouuelle
inuention, ils seront faits à vingt buhots trente portees au moins,
ayans de largeur entre deux gardes cinq douzieme aune de Roy &
vn demy poulce, & de mesme longueur que les precedens.

Pourront les Sayeteurs augmenter le nombre des buhots & portees de leur ouurage, mais ne pourront diminuer le nombre des portees souz ombre qu'ils auront augmenté le nombre des buhots : ny
diminuer le nombre des buhots souz ombre qu'ils auront augmenté le nombre des portees.

Seront tenus les Sayeteurs garder & obseruer le nombre des buhots & portees cy dessus specifiez, en peine de confiscation de ce
qui se trouuera en moindre compte, & de vingt liures parisis d'a-
mende. Pourront neantmoins mettre en œuure dles chaines qu'ils
ont ourdies en moindre compte dans le iour de la Chandeleur prochain pour toute prefixion & delay.

Deffendons aux Rozetiers de faire aucuns rocqs qu'ils ne soient
du iauge cy dessus declaré, iaugé & marqué par les Egards ferreurs
sur l'estille.

Et où quelque Sayeteur s'auisera de faire quelque piece de nouuelle inuention, il ne la pourra mettre sur l'estille sans nous en aduertir, pour y prescrire le nombre du fil.   ente,

Deffendons aux Sayeteurs d'exposer leur marchandise en vomb
qu'elle ne soit suffisammèt épluchée, nettoyée & marquee du plhors
do l'aunage, lequel plomb ils seront tenus faire paroistre hãds
du ply de la piece, afin d'estre facilement apperceu par les marcan-
acheteurs, ausquels marchands faisons aussi deffeures de march dur-
der ny achepter aucune piece d'ouurage qu'elle ne soit ferrée du
plomb de l'aulnage, & ce en peine de soixante sols parisis d'amende

contre chacun contreuenant, & pour chacune piece.

Publié à son de trompe & cry public par les carfours ordinaires de la ville d'Amiens, à faire cris & publications, le troisieme iour de Decembre mil six cens douze

A TOVS ceux qui ces presentes lettres verront, les Escheuins de la Ville & Cité d'Amiens, salut. SCAVOIR FAISONS, qne sur les plaintes qui nous ont esté faites de la part des marchands trafiquans en cette Ville de marchandise de saiterie de la deloyauté qu'ils recongnoissent chacun iour en la manufacture d'icelle, nous auons fait ce qui nous a esté possible pour contenir le Sayeteur en son deuoir, incitant chacun iour les Egards de faire leur deuoir, & visiter les ouuroirs du mestier, pour nous faire rapport des contreuenans aux Brefs & Statuts d'iceluy, & auons nous-mesmes fait visitation de tous lesdits ouuroirs, où nous auons recongnu de grands abus qui se commettoient par aucuns ouuriers au preiudice du negoce de ladite Ville, & de l'honeur des bons ouuriers qui trauaillent loyallement. Pour à quoy remedier, après auoir ouy sur ce aucuns des plus notables marchands de ladite Ville, & les anciens maistres du mestier auec les Egards, veu les Brefs & Statuts dudict mestier sur la requeste du Procureur Fiscal de ladite ville, à grande & meure deliberation auons par prouision & tant qu'autrement en soit par nous ordonné, fait, dit, statué & ordonné ce qui s'ensuit:

Premierement, que à l'auenir les sarges façon d'Ascot seront faictes en compte de dixneuf buhots cinquante-cinq portees & les moindres de cinquante-quatre portees de fil egal, loyal & bien suiuy, ayant de largeur entre deux gardes vne aulne de Roy & vn douzieme, & longues hors de l'estille de vingt-vne aulne de Roy.

Les sarges façon de Chartres se feront à dixneuf buhots quarante cinq portees, les moindres en dixhuit buhots quarante quatre portees, ayant entre deux gardes deux tiers d'aune de Roy & demy pouce, & de mesme longueur de vingt & vne aune hors de l'estille.

Les camelots appellez gros grains seront faits tous doubles de fil retors, de chaine & d'enfleure, & les moindres en dixhuit buhots trente cinq portees, ayant entre deux gardes demie aune vn pouce aune de Roy, & de longueur hors de l'estille vnze aunes & demie & vn douziéme.   M ij

Les camelots appellez trois filz seront faits du moins à vingt-vn
buhots trentecinq portees de mesme largeur & longueur que dessus.

Les camelots taints en laine seront faits à vingt buhots pour le
moins & trentecinq portees de mesme longueur & largeur que les
dessusdits.

Les camelots appellez gros d'Ascot seront faits du moins en
douze buhots quarantecinq portees ayant entre deux gardes deux
tiers & demie aulne de Roy & vn tiers de poulce de mesme longueur hors de l'estille.

Les camelots cinq quarts façon de Lisle seront faits en vingt
buhots, en dixhuit buhots, & les moindres en seize buhots cinquante
portees, ayant entre deux gardes trois quartiers aune de Roy & vne
portée & vnze aunes vn quart & vn sezieme de longueur hors de
l'estille.

Les camelots façon de Lisle largeur d'vne aune se feront en vingt
buhots quarante portees, & les moindres en seize buhots quarante
portees.

Les camelots appellez largeur de Lisle seront faits en vingt buhots, en dixhuit buhots, & les moindres en seize buhots, le tout à
trente-six portees, ayant de largeur entre deux gardes demie aune &
deux pouces aune de Roy, de pareille longueur que les dessusdits.

Les camelots appellez trois quarts se feront du moins en quatorze
buhots trente-trois portees, ayant de largeur entre deux gardes demie aune de Roy vn pouce moins, & de mesme longueur que les
precedens.

De mesme compte seront faits les camelots changeans, façon de
Lisle & de mesme longueur.

Deffendons d'en faire d'autre largeur, ny faire aucuns camelots
appellez trantrans.

Et quant aux camelots appellez quignettes qui sont de nouuelle
inuention, ils seront faits à vingt buhots trente portées au moins
ayans de largeur entre deux gardes cinq douzieme aune de Roy &
demy poulce, & de mesme longueur que les precedens.

Pourront les Saiteurs augmenter le nombre des buhots & portees
de leurs ouurages : mais ne pourront diminuer le nombre des portées
sous ombre qu'ils auront augmenté le nombre des buhots, ny diminuer le nombre des buhots, souz ombre qu'ils auront augmenté le
nombre des portees.

47

Seront tenus les Saiteurs garder & obseruer le nombre des bu-
ſiots & portees cy deſſus ſpecifiees, en peine de confiſcation dcee
qui ſe trouuera en moindre compte , & de vingt liures pariſis d'a-
mende.

Deffendons aux Rozetiers de faire aucuns rocs qui ne ſoient du
auge cy deſſus declaré, jaugé & marqué par les Egards dudit meſtier de Rozetier de la marque de la ville, qui pour ce leur ſera bail-
lee outre leur marque particuliere, aux peines portees par les Brefs.

Et où quelque ſayteur s'auiſera de faire quelque piece de nouuelle
inuention, il ne la pourra mettre ſur l'eſtille ſans nous en aduertir,
pour y preſcrire le nombre de fil.

Deffendons aux Saiteurs d'expoſer leur marchandiſe en vente
qu'elle ne ſoit ſuffiſamment eſpluchée & nettoyée, & marquée du
plomb de l'aunage, lequel plomb ils ſeront tenus faire paroiſtre hors
du ply de la piece, afin d'eſtre facilement apperceu par les marchands
acheteurs, auſquels marchands faiſons deffences de marchander ny
acheter aucune piece d'ouurage qu'elle ne ſoit ferrée du plomb de
l'aunage, & ce en peine de ſoixante ſols pariſis d'amende contre
chacun contreuenant & pour chacune piece.

Fait en la Chambre du Conſeil de l'Hoſtel commun de ladite ville
d'Amiens le premier iour d'Auril mil ſix cens treize.

A TOVS ceux qui ces preſentes lettres verront. Les Eſcheuins
de la Ville & Cité d'Amiens ſalut: Sçauoir faiſons que ce iour
d'huy daté des preſentes, veu par nous certaine requeſte pre-
ſentee par les Egards de la ſaiterie le cinquieme iour de Féurier dernier paſſé, tendant à ce que pour les cauſes y contenuës, il fut ordonné que les ferreurs en blanc ſur l'eſtille ne peuſſent aller aux viutes
de ladite ſayeterie pendant que leſdits Egards y ſont employez,
ſur laquelle requeſte aurions ordonné comme auparauant que leſdits
ferreurs en auroient communication pour y bailler leur reſponce, &
tout communiqué au Procureur Fiſcal eſtre fait droiſt comme de
raiſon, l'exploit de Balin noſtre Huiſſier & Sergent à verge, portant
auoir baillé copie d'icelle requeſte à Gilles Gauin l'vn deſdits ferreurs, l'acte du douzieme d'Auril certain eſcrit baillé le quinziſme
ſouz la ſignature de Perdu Procureur deſdits ferreurs, la perſiſtance
deſdits Egards: autre acte iudiciaire du troiſieme May portant que

ladite perſiſtance ſeroit jointe à ladite requeſte, & tout communiqué
auditProcureurFiſcal en dedans le tiers iour pendãt leſquels leſdits
deffendeurs pourroient bailler telle reſponſe que bon leur ſemble-
roit, & ledit temps paſſé droit ſeroit fait: Ladite ordonnance ſignifiée
audit Garin par de Loche ſergeant à mace. Certain aduertiſſement
deſdits demandeurs auec les concluſions dudit Procuteur Fiſcal, les
Brefs & autres Ordonnances faites pour ledit meſtier, charges &
offices, & quelques Sentences par nous donnees contre ancuns deſdits ferreurs, & tout conſideré, NOVS faiſans droict ſur leſdites requeſte & concluſions, & pour reglement deſdites parties en leurs
charges, touchant ledit meſtier de ſayeterie, Auons fait & faiſons
deffences auſdits ferreurs ſur l'eſtille de troubler & empeſcher leſdits Egards de la ſayeterie, & ſe meſler & immiſſer auec eux au fait
des viſitations qu'ils ont ordinairement à faire ſur tous les maiſtres
& ouuriers Saiteurs beſongnes & ouurages d'iceux en quelque en-
dtoit & quartier de ladite Ville qu'ils puiſſent eſtre & reſider, ne pareillement aller enſemble & à part faire ladite viſitation & égardiſe
ordinare de ladite ſayterie ſans noſtre expreſſe ordonnance & per-
miſſion. Pourront neantmoins leſdits ferreurs ou deux d'entr'eux
faire leſdites viſitations & ègardiſe ordináire en la maiſon & ſur les
ouurages deſdits Egards, ou des autres qui ſeront cy aprez en leur
lieu, appellé auec eux l'vn d'iceux, ou bien deux anciens Maiſtres
dudit meſtier. Comme auſſi chacun deſdits ferreurs vacquant &
faiſant le tour & ferrage en ſon quartier & dèpartement, comme il
eſt tenu pourra contreſigner la piece, ou pieces d'ouurages qu'il trouuera manquer & defaillir en largeur, ou autrement, & deſdites fautes nous faire rapport, & auoir part és amendes qui en prouiendront
comme denonciateur, auſquels Egards & ferreurs reſpectiuement
nous enioignons comme autrefois de faire leur deuoir en leurs charges & offices diligemment & ſans conniuence, ſur les peines portees
par les Statuts & Ordonnances. Donné audit Amiens & prononcé
aux parties, le premier iour de Iuin mil ſix cens treize.

A Tous ceux qui ces presentes lettres verront. Les Escheuins de la ville & Cité d'Amiens salut. Sçauoir faisons que veuë la requeste presentee par les Maistres de la Confrairie des Sayeteurs de cette ville, les anciens briefs dudit mestier, & conclusions du Procureur Fiscal, a esté ordonné en reiterant les ordonnances cydeuant faites, pour le reglement dudit mestier, & en augmentant iceluy ce qui ensuit:

Premierement deffences a tous maistres ou maistresses dudit mestier d'auoir sous eux plus d'vn apprenty lequel ils seront tenus faire enregistrer par noms & surnoms dans nostre Hostel de Ville pour en estre seruy par trois ans qui est le temps prefigé, & auquel ledit apprentif est tenu; à commencer du iour qu'il aura esté enregistré, lequel apprentif ils seront tenus faire regiltrer dans la quinzaine au plus tard; aprez qu'il aura esté pris par les maistres, ou maistresses, à poine d'amende, & de l'interest de l'apprenty.

Ne pourra nul Maistre ou Maistresse auoir apprenty en sa maison s'il n'a pour le moins en sadite maison deux estilles, l'vne pour luy, & l'autre pour son apprenty, sur peine d'amende arbitraire.

Ne pourr aucun apprenty auoir part & portion de gain ou perte à l'ouurage de son Maistre, sur l'amende de soixante sols parisis pour chacune fois en quoy le Maistre & l'apprenty escherront, a appliquer les deux tiers à ladite ville, & l'autre tiers aux Egards ou accusateurs.

Ordonné que ceux qui voudront paruenir à la Maistrise seront tenus de besongner continuellement souz leurs Maistres l'espace de trois ans, & s'il aduient que deuant lesdits trois ans l'apprenty quitte son Maistre ou Maistresse pour six semaines sera tenu le Maistre, assisté d'vn Egard ferreur en blanc faire rayer sur le regiltre de la ville ledit apprenty, & au lieu d'iceluy en pourra faire regiltrer vn autre.

Et si le Maistre de l'apprenty delaisse l'exercice de son mestier pour semblable temps de six semaines, l'apprenty se pourra faire décharger dudit Maistre, & en recouurer vn autre pour acheuer le temps de son apprentissage, & pourra contraindre son Maistre à luy restituer l'argent qu'il luy aura baillé.

Ordonné que pour estre admis par l'apprenty en l'estat de maistre il sera tenu faire chef d'œuure de telle piece qui leur sera baillée & ordonnée par Messieurs, lors qu'il demandera la permission de

faire ſedit chef-d'œuure au lieu qui a eſté deſigné dans l'Hoſtel de
ville, lequel ſera diligemment viſité par les Egards, & s'il eſt trouué
bon il ſera preſenté pardeuant Meſſieurs, lequel ſera admis à la maiſtriſe & regiſtré en la maniere accouſtumée, enſemble ſa marque
qu'il entendra vſer & marquer ſes pieces d'œuure pour y auoir recours.

Deffences auſdits Egards de faire aucune deſpenſe de bouche
auec le pretendant à maiſtriſe ſoit deuant le commencement du
chef-d'œuure, durant iceluy, ny aprez qu'il ſera fait, & leur eſt enioint pour ſuiet d'eux contenter du ſallaire qui leur eſt ordonné
par les Brefs en peine d'amende arbitraire.

Deffendons aux Sayeteurs d'ouurer en ladite Ville en autres
lieux que és deuantures ſur ruë de leurs maiſons & demeurances iuſqu'au troiſieme eſtage d'icelles, en peine de vingt ſols d'amende,

Deffences à tous ouuriers de tiltre à lumiere de veſpres,
ou de matin, ne tenir craſſet, huile, ou creſſe autour de ſon eſtille,
ſur peine pour la premiere fois de vingt ſols pariſis d'amende, en
quoy il eſcherra en faiſant le contraire, à appliquer les deux tiers à ladite ville, & l'autre tiers aux Egards, ou acculateurs, & pour la ſeconde fois de quarante ſols pariſis d'amende, a appliquer comme deſſus:
& pour la troiſieme fois de ſuſpenſion de pouuoir tenir ouuroir par
an & iour luy entier d'aller ouurer ſi bon luy ſemble, en la maiſon, &
ſouz quelque autre maiſtre d'iceluy meſtier.

Et afin que les Egards dudit meſtier ne puiſſent non plus que les
autres Maiſtres abuſer de cette Ordonnance faute d'eſtre recher-
chez par les anciens Maiſtres, A eſté ordonné que les maiſtres ſayeteurs pourront faire recherche deſdits Egards contreuenans, & nous
en faire rapport, lequel ils feront certifier par gens dignes de foy.

Et ordonné que ce que deſſus ſera publié à ſon de trompe & cry
public par les carfours de cette ville.

FAIT en la Chambre du Conſeil de l'Hoſtel commun de ladite
ville d'Amiens, le douzieme iour d'Auril mil ſix cens dixhuit.

TENACI·VIMINE
LILIIS
VNGO